集合住宅物語

植田 実

みすず書房

集合住宅物語　目次

序章 都心のモードを窓ごしに　同潤会青山アパート　6

戦前篇

戦後篇

写真　鬼海弘雄
装丁・本文デザイン　デザイントリム

同潤会青山アパート

序章　都心のモードを窓ごしに

同潤会青山アパートメントハウスをはじめて見たのは、一九五〇年代の後半で、戦争で家を失っての地方暮らしからふたたび東京での生活を始めてまもなくのことである。東京に戻ったら、すぐにでも訪ねたいところがいくつかあった。そのひとつが幼いころの記憶がある原宿駅界隈（海軍会館があった。ほかの建物にはなかった垂直の壁）、もうひとつが地方都市で高校生だったときカタログをいつも送ってもらっていた古本屋のある青山通りで、この二点を結ぶ道探しの途中で、表参道に面した青山アパートに出会った。

当時の学生の町歩きといったら、たぶん、だれでも似たようなものだったと思うが、ショッピングも喫茶店での一服も関係がない。ただひたすら歩いて、疲れたら路傍で休むだけである。金もなかったが、盛り場以外には立ち寄る店などなかった。表参道はゆるやかな坂以外は何もなかった。歩いていくと突然、「建築」が地を割るように出現した。

それは黒々と建っていた。黒い色をした建築というわけではなく、えらく緻密で堅固な何物かが自立している。それを名づければ「建築」が、意識の表面に黒々と見えてきたという印象だった。

それから四十年以上経っている。

原宿周辺は激しく様変わりし、その余波は表参道に、またこの集合住宅にも届いている。むかしながらの住み手と新しい店舗が混在して、それは風俗化への傾斜ともいえる。だがふしぎなことに、そうした変化が逆にこの建築の記憶の質を変えずに保ち続けているように思えるのだ。むかしのままの懐かしい場所や建物を

前ページ・表参道側、青山アパート外観。
以下、特記しない限り、撮影は取材時（文末表記）。

再訪すると、記憶に残っているそれよりも、スケールが縮小し、輪郭もボヤけて感じられることがあるが、それと対照的だ。同潤会青山アパートはそんな作用のおかげで、ますます黒々とある。

このなかの二、三のスペースを訪ねた。

三号館三階にある「ファーマーズテーブル」。大小の籠、バケツ、箒から使い勝手のよい木製のバター容器やコーヒーメーカーまで、さまざまな日用品をきれいにディスプレイしている。店の名のとおり、野の香りを都会の洗練された感覚で選別しているのが魅力である。店長の石川博子さんの話では、オープンしたのは十二年前。ここには店がまだほとんど入っていなかったころである。

こんな店を開いてみたいという夢がとりあえずあったわけで、べつに原宿に魅かれたのではなかった。むしろ、知人の所有するこの空部屋を推められたときは、「原宿かあ、私と同じ年の人が原宿まで来てくれるかなあ、という気持ちでした」。石川さんは若くて美しい女性だが、要するにラフォーレから竹下通りあたりを占拠している、もっともっと若い人たちが喜んでやってくるような店は自分のセンではないと考えて、最初はちょっと迷ったらしい。しかも下見に来てみると、建物は古いし、室内も放置されていたためか、腐りかけた畳にはぎょっとした。

だから決心してからは、思い切った大改装のプランを立てた。床を全部剥がして学校で使っていたぶあつい床板を再利用し、表通りに面した開口部はモダンな木の格子で一新した。店舗スペースとその裏の仕事部屋とを仕切る大きな収納家具も発注した。これで古いアパートの一室としての最初のイメージはがらりと変わり、店と仕事部屋は「表と裏の空気が違う。それがとてもおもしろい」関係ができた。

青山アパートは、表通り側はさまざまなショーウィンドーで華やかだが、裏側は生活の匂いがそのままに変わらず、ややくたびれてもいるし各戸の増改築の痕跡もあらわで、まさに裏の顔、集合住宅の谷間になっている。そのコントラストが同潤会の他のどのアパー

上・3号館（表参道沿いに原宿側から3棟目）3階、「ファーマーズテーブル」店内。
左ページ・同店内で石川博子さん。

トよりも強い。石川さんのところは三階にあるために、裏側もこの谷間から抜け出て、後ろにある神宮前小学校の校庭を、枇杷の木ごしに眺められる。南と北、どちらの空気にも恵まれているわけである。

階段は違うが、壁ひとつ隔てたお隣りにはまだ住居として使っておられるおばあさんがいて、石川さんはときおり遊びにいく。公団のアパートみたいで、長く住みこなしてきた、いい感じが残されているという。

この十年あまり、外から見ているとずいぶん店が華やかに増えてきたような気がするが、石川さんの店ではそれほどの変化は感じられないという。狭い階段を三階まで上がってくるのは、ほんとうに好きな人だけを選別していることにもなっているらしい。ただ、数年前から表参道の並木にイルミネーションをつけるようになったクリスマス前後の夜間は、「おもちゃ箱をひっくり返したような感じで、ずっとここでやってきた私たちのほうが、違った町に来てしまったかと思うほどなんです」。売り上げも当然伸びて喜んでいる一面、落ち着かない。イルミネーションの期間が短いの

は、まだ住んでいる人が少なくないからで、静かに自分のペースで小売店を守っていきたい人には、それが救いになっている。

同じような店をより純然たる住宅街のなかでやり始めた人の話も、石川さんは聞いている。そういう立地だともう少し住民の日常に密着したものをという考えに傾き、扱う商品が変わってくるのだという。石川さんも、自分の住んでいる中目黒で店を開くとなると、いまの商品構成は崩れてしまうだろうと考えている。

夢と実用のあいだをひそかに往き来している「ファーマーズテーブル」の店内風景は、そのまま原宿表参道沿いの由緒あるアパートメントハウスの現在を反映しているようだった。

もうひとつ、昨年秋にオープンした、二号館一階のスペースを訪ねた。

床は下のコンクリートスラブが剥き出しになったまま。そこに版状の石がドカドカと置かれ、残る隙間はさらに大小さまざまの自然石で埋められている。天井までの間仕切りを外し全体を一室空間にしているが、中央に低い壁を立てて表通り側の応接スペースと裏側の事務室をゆるやかに区切る。この厚い壁がなんと土仕上げ。壁、天井は剥き出しのままで藁を混入した漆喰の塗りまわし、応接コーナーの窓際には石を積み上げ、上から厚い板を乗せてベンチにしている。洗面所のドアの把手なんかは曲がった自然木。

集合住宅の内装としてはちょっとヤバいような、これらの重くて野性的な素材が、意表をついて、しかもなかなか快適な、しかしなんだかよくわからぬおもしろい空間をつくり出している。ひととおり観察させてもらいながら、このスペースの主宰者であるイッセー尾形さんとマネージャーの森田清子さんに、チケットセンター開設までの事情を聞いた。

イッセー尾形さんの海外公演が大成功だったことはよく知られている。彼の日本人観察がじつは人間の普遍的な姿をみごとに描き出していることに、海外の人々は深い共感を覚えた。そしてイッセーさんたちも、ヨーロッパの劇場のあり方に印象づけられた。演じる者と観る者との関係、その出会いの場のしつらえの具合のよさ。日本ではそうした小規模でバランスのとれた劇場を実現するにはまだ遠いが、まずはファンとの交流の場ということで、たまたまよい機会に恵まれて青山アパートの一室を借りることになった。

ここは一年半後には取り壊して新しい集合住宅を建設する計画がある。それまでのことだから、好きなように手を入れて使ってくださいという持ち主の好意を受けて、「ズボ」という若いカップルのアーティスト・チームにまかせたら、ほんとに大胆にやってしまったのだという。

稽古場は世田谷の野毛にある。森田さんが六畳一間の木造アパートに住んでいたところだが、ここでも大家さんに見どころのある店子（?）だと気に入られて、駐車場を壊して二十坪の稽古場をつくってもらった。住居専用地域なので外見はふつうの二階家だが、やはり天井を剥がしてせいいっぱいスペースを膨らませた。森田さん一家は二階に住み、本番中は息を殺す。そのような空間を体験してきたことと、ここでの思い切った改造はどこかでつながっているような気がする。

ここでは逆に床板を剥がした。それで天井が高く感じられる。チケットカウンター、すなわちボックスオフィスとしているが、ファンでも通りがかりの人でも、自由に入れてお茶をふるまってもらえる。やはりなんだかよくわからぬ場所なのだ。「キャッチ・バーかな」と森田さんは笑う。外から階段を数段上がり入口のドアを開けると、もうひとつの外部空間が待ち受けている感じ。一階の窓の高さが、これは原設計のうまさだが、じつに具合がよく、表通りと自然に連続しつつ同時に何気なく仕切っている。それをうまく生かした結果でもあるようだ。

「イッセーさんは、もともと自分の部屋から出る願望がまったくない人で、放っておけば一日一歩も外に出ない」と森田さんが言うのを聞いて、ちょっとびっくりする。町中を歩きまわって人間観察をされたりしないんですかという愚問に対して、イッセーさんは「典型みたいなものを書斎にこもってコツコツつくり、その典型のなかでも特殊な人間の風景をつくるのが好き、

２号館１階、「チケットセンター」内でイッセー尾形氏。
内部は大幅に改装してある（撮影・荻沼秀和）。

なのかな」。このひと言で心底ファンになった。

「ここの窓辺で眺めているとてもいいんです。時間が経つと少し散歩して帰ってくる。そのサイクルがとても気に入っている」というイッセーさんは、自称自閉症の行動パターンが変わり始めている。

近い将来消えることになっている建物のなかにいることの、名づけようもない気持ちも、このスペースの多義的な性格に影を落としているようだ。時間の流れが違うここでの「外部」は、現実の外部にイッセーさんを自然に誘い出す。「無重力の状態」と彼はいう。重い素材で野放図につくられた部屋は、マグリッドの描いた、空に浮く岩の城のようにも思えてくる。

階段の踊り場に隣り合う二住戸のドアが並ぶ。いわゆるバッテリープランである。お隣りの画廊のオーナーは小学生のときからここに住んでおられたようですよ、と森田さんが立ち上がっていったと思うと、すぐ当の人を連れてきてくださった。雨宮央樹さんはいまは柏市に住まいがあるが、数年前にここの旧住居を画廊に模様替えして、土曜日曜に顔を出している。鉄鋼関係の現役の技術者だが、自分の子どもたちに読ませるために『原宿わんぱく物語』という少年小説仕立ての回想記を一部限定で出している。これがめっぽうおもしろい。

ほぼ同世代のインタヴュアーとしては、彼に教わりながらこの界隈のマップ再現に夢中になり、同潤会アパート生活史を訊くという肝心の役目を忘れてしまったが、四十年前に私が原宿駅から表参道を抜け、青山通りに出て渋谷に降りていった道筋を大きく囲んで、さらに外に拡がる範囲が、終戦直後の小学生、雨宮さんたちの遊びの領域だった。生まれたのは赤坂氷川神社脇だが、その後青山に移ってきた。戦時はやはり疎開している。その疎開先の福島から戻って、表参道のアパートに入ったとき、裏手の神宮前小学校は焼失していた。明治神宮の横にあった旧代々木練兵場に丸太と筵で急造した仮校舎や、近くの長泉寺での寺子屋まがいの勉強。代々木練兵場には米軍のカマボコ兵舎も建ち、小型飛行機も発着していた。雨宮さんたちは二、三人ずつこの飛行機に乗せてもらって焼け野原の東京を鳥瞰している。ゆるやかな勾配の表参道を飛行機の滑走路代わりに使う腕白なアメリカ兵がいたし、アパート四号館に住んでいた往年の名投手、ビクトル・スタルヒンに連れられ、ＰＸで買い物や食事をしたこともある。東宮仮御所から学習院に通う皇太子（現天皇）の車がこの道を通っていたのもよく見かけた。

その後、兵舎がなくなったあとは、バーチャル・リアリティみたいなまぶしい緑の芝生に白い家が散在する、米占領軍家族の宿舎団地であるワシントン・ハイツになり、さらには東京オリンピックを機に丹下健三設計の国立屋内総合競技場やＮＨＫのビルがとって代わった。神宮前小学校の横を流れていた渋谷川は暗渠となり、雨宮さんたちがかつて川伝いに渋谷まで遊びにいったその途中にある穏田神社は、いまもかろうじて境内の形をとどめているが、前後左右から迫るビルの掌中にあって、わずかにその木々の緑が外に覗いている。今回訪ねてみたら、建築計画の掲示板が出ていた。神社は新しいビルのなかにでも入るのだろうか。

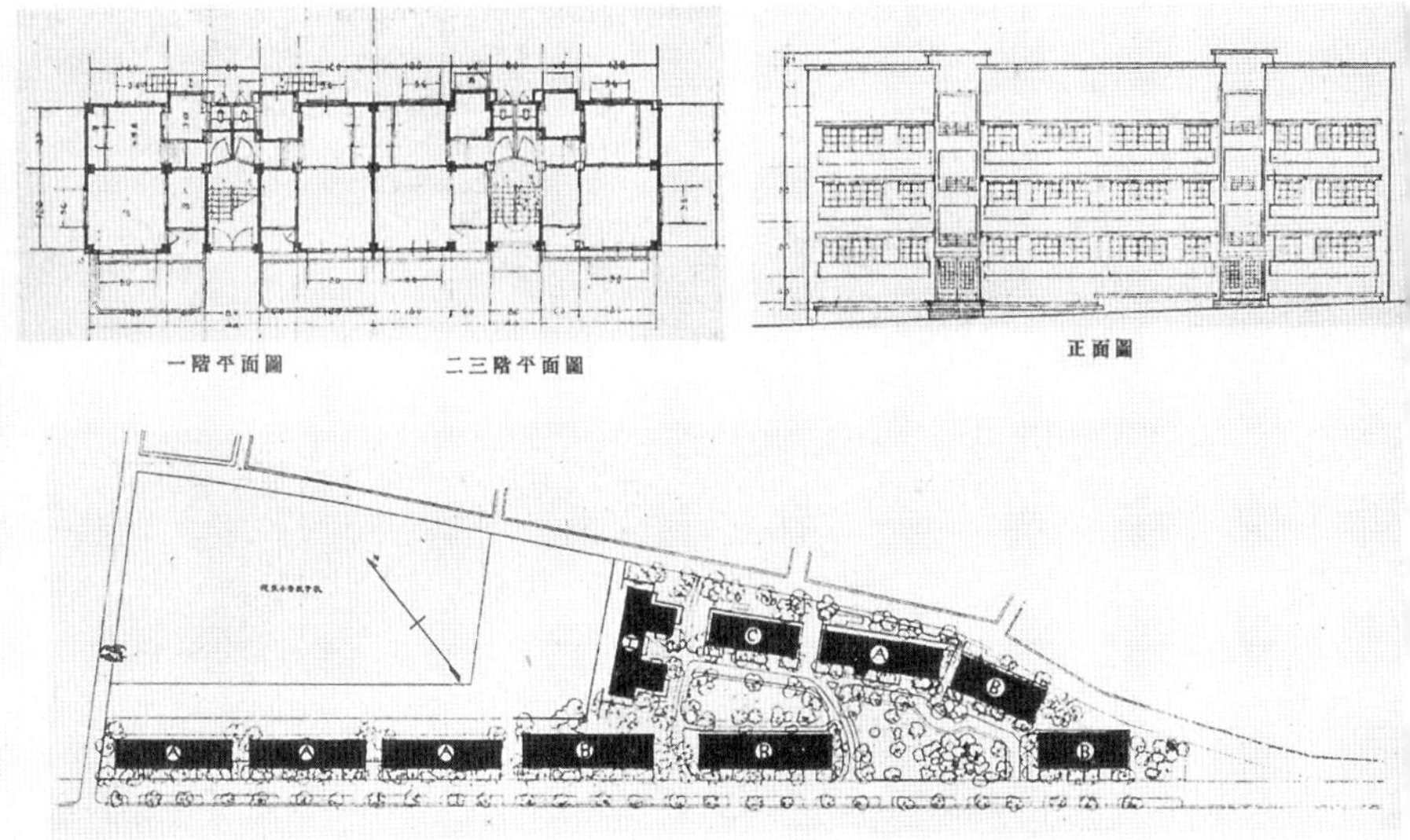

下・青山アパート配置図。上左・Ａ号タイプ平面図。上右・同正面図。
建築写真類聚『新興アパートメント巻１』（洪洋社、1927年）より。

A号玄関。右ページ上・中庭側のA号外観。下・同内部。
建築写真類聚『新興アパートメント巻1』より。

表参道を両側から包みこんでいる町は、かつて穏田と呼ばれた。青山アパートは穏田の端部に位置し、その先、青山通り寄りは青山北町だった。竹下町は現在の竹下通りを挟んであり、その北東に大きく拡がる町が原宿だった。穏田の名は神社だけに残り、竹下町はただの一本の通りの名になった。原宿の町名はなくなり、なんとなくハラジュクあるいはHARAJUKUという界隈になった。いまは神宮前と千駄ヶ谷という町名にこれらすべてが呑み込まれた。

表参道の起伏の明快な地形は町の変容に耐えて現在も不動だが、この一帯は時代の恐ろしいほどの転換をつねに映しとり、ここに住んできた人々の目に焼きつけた。青山アパート前から原宿駅まで、昭和二十年（一九四五）五月の空襲の火に追われて逃げてきた人々の遺体が参道を埋めつくしていた光景は、見通しがよい地形だったぶん、凄惨だったにちがいない。表参道、いわば天皇制の聖地の一角ともいえるこの場所が、どのような経過をもって集合住宅の敷地に選ばれたのかを確かめられる資料はほとんどない。

一九九七年四月

2号館前でイッセー尾形氏。右手に「チケットセンター」の出窓。

戦前篇

旧東京市営古石場住宅

門前仲町、永代通りに面して並ぶ深川不動と富岡八幡宮は、かつては海に面していたというから、その外側、大横川をはさんで砂州が重なるように海へと向かう牡丹（という町名は花の名所の名残らしい）や古石《ふるいし》場《ば》は埋め立て地だろう。こちらの町名は江戸期の築城や住居の基礎に使われた石のストックヤードだったから。川をへだてた東隣りは木場だ。

そこに残る旧東京市営古石場住宅は日本の公営集合住宅のなかでは最古参である。しかもこの団地のなかでは、同じように古いといってもその内実は二つに分かれている。第一期四棟の鉄筋ブロック造は関東大震災の直前に建てられ、第二期の鉄筋コンクリート造の一棟は震災後に建てられたからだ。つまり後者のほうは、例の同潤会アパートメント群の初期と、建設年代がほぼ重なっている。

最初の四棟は、これからの都市住宅はかくあるべきという基本構想からの不燃不壊住宅だった。偶然その年に激発した試練に耐え、ということはフランク・ロイド・ライトの旧帝国ホテルと同じだが、残る一棟には震災体験を経ての意識の変化が構造方式にも意匠にも反映されている。全体でわずか四年の建設期間が、途方もなく激変した時代を包みこんでいる。古石場住宅の古さはそのように微妙かつ歴然としている。

第一期四棟は三階建ての簡潔な外観で、縦長の窓が整然と並ぶ。ブロック造なので壁が厚く、大きな開口部がとれないかわりに窓まわりが深く切れこんでいるので、庇もついていない。鉄製の軽やかなバルコニーに各自各様の手が入っていたり、あるいは大々的な増築がされていたりするが、もとの形ははっきりわかる。それほどシンプルな箱形の建物である。

一、三、四号館は階段室の踊り場をはさんで左右に住戸の入口がある。バッテリープランと呼ばれる形式である。ところが、各戸の便所が入口脇に独立して附いているのでドアは四つ。こんなのは他では見たことがない。まだ水洗ではないときの新しい集合住宅の住戸構成の試みである。間取りは台所、六畳、四畳半。

二号館はそれに対して中廊下プラン。長い廊下に面して住戸が並び、中央部分に共同便所。といっても二

前ページ・2号館（1923年竣工）より敷地を眺める。右が5号館（1926年竣工）。
この項、27ページまで撮影・著者。

5号館、階段室入口の庇および真上パラペットの表現主義的装飾。

戸で一ブースを共有専用という、使い方に工夫が見られる。間取りは台所、六畳一間、あるいはこれに三畳を加えた住戸の二種類。この二号棟はとくに、現在は各住戸から中廊下にモノが元気にあふれ出て、長屋みたいに親しみやすい光景となっているが、総じてこれら第一期の外観は欧米モダンふうに見える。実質一本槍の団公営アパートよりも、もっとモダン。戦後の公設計の結果が逆にすっきりした表情になっている。

それに比べると震災後にできた五号館は、同じ三階だが見た目が一変する。入口庇とその真上のパラペット部分を飾るギザギザの装飾や、たかが窓台の下部分なのに壁面から連続して繰り出される曲面が外観の主調となっているあたり、また内部では階段室の彫刻的な親柱など、まるでドイツかオランダの表現主義建築だ。プランも各階に、ホールといえるほどの広く不整形の共有スペースを四戸の入口ドアが囲むかたちに変わっている。間取りは台所、六畳二間（あるいは部屋のひとつが五畳か四畳）。便所も各住戸内に収められている。

このモダンと表現主義とのあいだに何があったのか。鉄筋ブロック造から鉄筋コンクリート造に変わった解放感、その造形意欲の発露というだけでは説明しきれないものがある。五号館の着工と竣工の時期は、同潤会アパートメントハウスの第一号、中之郷アパートのそれと、わずか一ヵ月あるいは数ヵ月先んじている。しかも表現主義的志向ははるかに過剰である。同潤会において表現がやや色濃くなってくるのは清砂通アパートあたりからだが、全期を通して抑制されつつ持続する。

それにたいして古石場五号館のギザギザや曲面はこれ一回限りとして火花のように豪快に炸裂して、たち

上・1号館、階段室踊り場。正面はトイレのドア。
下・5号館階段室。
左ページ上・1号館外観。下・2号館中廊下。

小笠

まち歴史の闇のなかに消える。

けれども、こうした両者の比較は問題ではない。というか、意味を見つけだすまでのそれ以上の資料が手元にない。言いたいのは、この時点で創出しようとした集合住宅については不燃不壊の性能に加えて、新しい都市建築としての意匠が不可欠のものとして求められたにちがいないことである。

この団地は第一期四棟が九十八戸、二期二十四戸。それに平屋の旧食堂、浴室棟がいまは都の倉庫として使われ、その隣りに並ぶ銭湯は後にできた。団地内にあるが近隣の人たちも利用している。区の児童公園も、棟と棟のあいだの空地を活用して組みこまれている。

これら全部と、さらには団地に隣接するいくつかの建物まで含めて、現在は再開発に向かって動き始めている。

その準備組合理事長の小澤林吉さんを訪ねた。

小澤さんがここに住むようになったのは昭和三十四年（一九五九）。ちょうど四十年になる。それまでは近くの白河町に住まいも職場もあった。この部屋に戦後すぐから暮らしていたのは奥さんの家族で、つまり小澤さんは結婚して、和枝夫人と弟さんふたりとの同居生活に入ったのだった。六畳は弟さんたち、四畳半はふたりの新居として使い分けていたが、子どもが生まれたころには水入らずの家庭になった。昭和五十八年（一九八三）に夫人に先立たれたのちは、娘さんとふたり、そして彼女が新しい家庭をやはり近くの葛西のほうにもったいま、小澤さんは少しがらんとした部屋に、愛妻の写真と仏壇が大きく見える、ひとり住まいの日々を送っている。

ほかに目につくのは新しい寝具セットである。娘さん一家が葛西で小澤さんを待っている。三十五階の新しい古石場住宅着工の日はそんなに先ではない。そして完成予定は平成十四年（二〇〇二）秋。小澤さんと娘さんの家族はここに戻ってくる。あちこちに離れ住んでいた人たちも戻ってくる。

和枝さんと所帯をもって集合住宅団地をはじめて体験したころは、子どもたちがみんな一緒に遊んでいたり、祭りの日には子ども神輿が出たり、それから買い物の便がけっしてよいとはいえないところなので奥さん同士が声をかけあって遠くまででかけていったりと、その程度の話をぽつぽつしてくださるのだけれど、やはり再開発を準備する責任者として頭のなかを占めているのは、まだ山積しているさまざまの問題への手当てのようだった。

最上階の住戸はとくに、以前から雨漏りなどに悩まされてきた。モルタルやセメントの補修では追っつかないから、まるごと新しく屋根を架け直さないかぎりは打つ手なしと、業者も断ってくる。そういう段階で建て替えの方針が全体としては決まっていた。便所ははじめから水洗だったとはいえ、かえって下水道があふれて始末に負えないことが何度もあった。棟ごとに入口代（含蓄のある呼び名だ）を集めて、維持管理費から水道代まで積み立てているし、団地内の駐車料は団地全体の町会である親交会に納められているが、せいぜい迷惑料といった程度で、それほどきびしく締めつける規約ではないらしい。長年一緒に暮らしてきたなかでの取り決めである。

屋上から見渡すと、三階建ての五棟がL字型に配置され、その中央部分に平屋の倉庫と銭湯。オープンスペースも何気ない。だから「全体がとても居心地のいいスケールで住みやすいってことです。でも外部の人が見れば古ぼけていて汚いとしか思わない。どうしてこんなところに住んでいるんだということになってしまう」と、ここに部屋を借りている顔見知りの建築家は言う。再開発せざるをえない。高密度になるのは必至である。当然、この七十五年前の集合住宅団地をはるかにしのぐ空間の仕掛けが用意されていなければならないのだが、そこがなかなか見えてこないままに「新しさ」だけを頼りに東京が変身していく。その新しさは、いまの古石場住宅が威厳のように身に帯びている「居心地のよさ」をどう受け継ぐのか。

古石場住宅は「まち」とともに生きてきた。新しい「まち」の完成後、超高層の一、二階には幼稚園や高齢者の憩いの場が新設される一方、湯屋はなくなる。湯屋がまとめていた「まち」はなくなる。

一九九九年六月

清澄

旧東京市営店舗向住宅

笠川表具店
駐車ご遠慮下さい

清澄通りを門前仲町のほうから歩いてきて、清澄庭園のところにさしかかると、通りに面した左手の町並みがちょっと引き締まった表情になる。五十軒ほどの二階建ての商店が直線状に並び、途中でくの字に折れて、またその先に続いている。店先のデザインはいろいろだし、屋上は好き勝手に増築されている。それでもどこかきちんとして見えるのは、間口寸法が二間半と統一されていることもあるが、二階の外壁や窓に幾何学的な連続模様がレリーフ状にほどこされていて、大部分は看板などで隠れてしまってはいるものの、ところどころにその面影をとどめているせいにちがいない。

たったそれだけで町並みが違って見える。昭和三年(一九二八)、関東大震災復興事業のひとつとして当時の東京市が建設した、東京市営店舗向住宅である。このなかの一軒、「よしの園」という茶舗の高木義三郎さん夫妻を訪ねた。

店内に入り、奥の茶の間に上がると、外見の印象からは意表をつかれるほどに拡がりのあるスペースである。廊下の天井が高い。計ってみると約二・六メートル。この寸法だから天井を張った茶の間もゆとりを感じさせるのだろう。「店舗向けにつくられたからでしょう」と説明されて納得する。階段はやや急勾配だが、六畳二間続きの二階はさらにゆったりとしていて、増築された八畳ほどの広さのヴェランダを通して、清澄庭園の緑が迫ってくる。表側の賑やかな街と、裏側の自然とにサンドイッチされた贅沢な住まいである。

ヴェランダに出ると、さらに絶景が待ち受けている。木々の間に見えるのは大泉水の拡がりである。都下有数の名園なので、むかしから管理は厳しく、かつてこの池でこっそり泳いだ高木少年は岸に脱ぎ置いていた衣服を、とんだ天の羽衣で、怒った管理人にもっていかれたために、素っ裸のまま謝りにいったことがある。

清澄庭園は、もとは岩崎家の所有だった。大震災後の大正十三年(一九二四)、その宅地の半分と、それに併せて附属地八百坪も東京市に寄附されて、庭園拡張の基礎となった。この東の縁を囲うように、岩崎家の使用人の住まいがあり、それに沿って表通りに木造二

30ページ・棟端のレリーフ装飾（写真中央）は各棟によってやや異なる。棟をまとめるのはパラペット部の軒蛇腹風レリーフ。31ページ・「よしの園」前。

清澄庭園と店舗向住宅。建築学会編『東京・横浜　復興建築図集　1923-1930』(1931年、丸善株式会社)より。

階建ての店舗長屋百軒近くがずらっと並んでいたらしい。関東大震災でこれらの木造家屋がつぶれたあとに、鉄筋コンクリートの現在の町並みができた。

高木義三郎さんは、じつは義太夫三味線師で、茶舗「よしの園」は邑子夫人が引き受けている。昭和十五年(一九四〇)に高木さんの両親が入居した当時は小料理屋だった。そのときの凝った造りの一部がいまも姿をとどめていて、目利きの客を驚嘆させる。

昭和二十年(一九四五)、三月十日の東京大空襲でB29爆撃機三百二十五機が投下した一七〇〇トンの焼夷弾が、二時間で十万人を焼き殺した。この一帯も火に包まれ、通りの向かい側の家々は焼き尽くされた。焼け野原に残ったのは、区役所と警察署と、そしてこの店舗向住宅だけだった。その日、近所の人々や見知らぬ顔まで、猛火を避けて高木さんの家に逃げ込んできた数は五十人にものぼったという。戦後しばらくして、建物は都から各居住者に分譲された。思いのままの増築が始まったのはそれ以降だが、庭園側の敷地境界線近くまでそれぞれ部屋を拡張しながらも、庭園の塀沿

店舗奥から２階へ。階段手摺りは入居後に付けられた。
左ページ上・２階、清澄通り側、６畳の部屋。窓はほぼ原型を保っている。
下・庭園側。板の間の部分が増築箇所。

TOWER

いに長く細く続く通路は確保されていた。五—八戸でそれぞれ一ブロックとなった棟割長屋だが、破線状につらなる各ブロックとブロックのあいだに隙間がある。表通りからこの隙間路地を抜けると庭園の塀沿いの通路に出て、どの家の裏手にも直接入れる。要するに、便所が水洗でない時代には不可欠だった汲み取り屋さんの通り道である。

昭和二十四年（一九四九）のキティ台風が今度は水の被害をもたらした。高木さんの家でも階段の三段目まで床上浸水した。水洗便所が普及していくきっかけとなった。

という次第で、現在の住まいはそれぞれ自由な増改築が可能になっている。各住戸は街と庭園に開かれ、地面も空も自分のものだから、両隣りへの斟酌で思いわずらうことは意外に少ないようだ。けれども町並みは崩れない。鉄筋コンクリートの棟割式だから、自分のところだけを切り取ってまったく新しい建物にすることは容易にはできない。いまのところ、そうした例外は一軒もない。この全四十八戸をうまく括っている棟割の構成と、控え目ではあるが効果的なファサードの装飾も、住む人々に対して、ある抑止力になっているんじゃないかと思う。外から町並みを見ている者にとっては、これが失われたらこの場所が見えなくなる、くらいの気持ち。レリーフ装飾は、ちょっとフランク・ロイド・ライトふうである。彼の設計した旧帝国ホテルのロビーにあった、照明を内蔵したグリルの形を思い起こさせる。

屋上に上がると、たくさんの鉢植えで飾られたそこも、またあっけらかんと広い。洗濯物を干している老婦人が居られたのでご家族の方と思ったら、お隣りさんである。両家の屋上のあいだには仕切り壁も何もないのだ。もう一方のお隣りは屋上いっぱいに部屋が増築されているのでその先は見えないが、「むかしは端から端まで一続きだったんですよ」と高木さんはいう。二五〇メートルもの長い遊び場に子どもは恵まれていたのだ。「男の子たちは西部劇みたいに棟と棟の隙間を飛び越えながら走りまわっていたんだから」と邑子さんもあきれ顔でそのころを思い出している。

邑子さんの実家は、三軒先の化粧品店だった。「向こうの端から歯医者、研ぎもの師、うちがあって、こちらの隣りの表具屋はいまもそのまま。その次に印刷屋、化粧品を扱っていた彼女の家、つづら屋、洋服屋、印鑑屋、肉屋、帽子屋、自動車のガレージになっていたその先は、電気屋、それからパン屋」と高木さんはたちどころに当時の商店街を再現してくれたが、邑子さんは「結婚したのは私たちが幼なじみだから当然、とよくいわれるんだけど、小さいころはまるでつきあってはいなかったんですよ」と笑っている。代々の義太夫三味線師の家柄のひとり息子だったこともあって、ほかの男の子たちのような滅茶苦茶な遊び方はしなかったという。「指を怪我したら困るわけだし。いまだってそうですよ。私は反対に、祖父が和家具の職人だったせいか、女だてらに削ったり叩いたりは得意で。ヴェランダのすのこ、あれだって、私がつくったの」

隣家との仕切り壁がない屋上。

おふたりが顔を合わす機会が増えたのはずっと後で、夜、店の前の床几に人が集まって、将棋を指したりする隣り近所の交歓に、高木さんも誘われて立ち寄るようになってからだった。東京の下町ではどこでも、家の前に腰掛けや床几を持ち出して大人も子どもも一緒だった風景がほんとうにあった時代である。邑子さんの店の前がとくにスポットになったのは、化粧品店の照明は明るかったからだ、と。そのようなかたちで明かりを分け合っていた、かつての街の夜の記憶がまざまざとよみがえってきた。同じ界隈に住んでいる人々がお互いの身体に近いところで生活していたのである。この旧東京市営店舗向住宅の人々にとって、それは過去ではないのだと、さっき屋上の庭をごくあたりまえに共有していた高木さんとお隣りさんの姿を思い出していた。

一九九八年五月

同潤会清砂通アパート

郵便はがき

料金受取人払郵便

本郷局承認

7914

差出有効期間
平成28年9月
1日まで

113-8790

505

東京都文京区
本郷5丁目32番21号

みすず書房営業部
行

通信欄

ご意見・ご感想などお寄せください．小社ウェブサイトでご紹介させていただく場合がございます．あらかじめご了承ください．

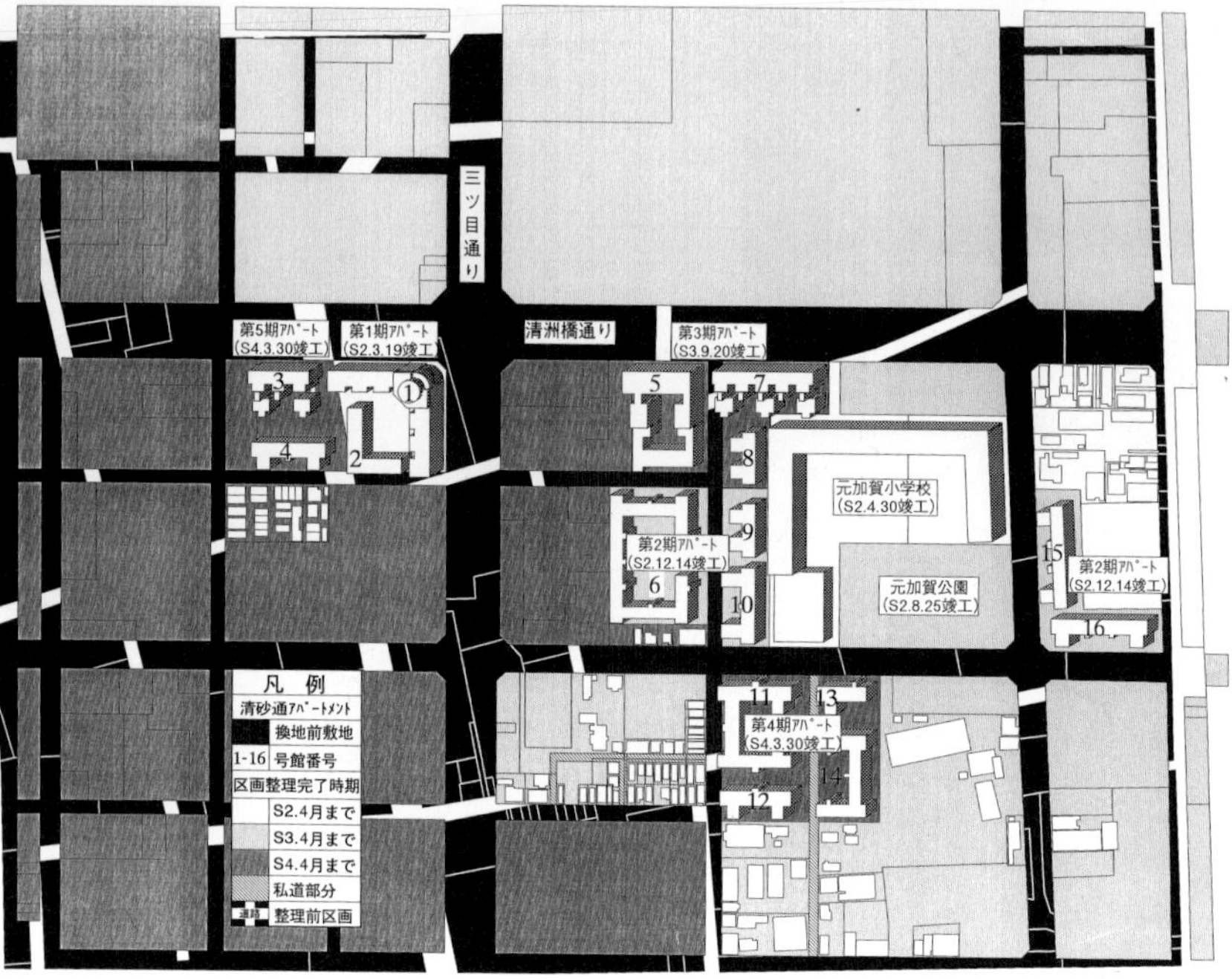

清砂通アパートメントハウスは、同潤会アパート群のなかでは最大規模である。六百六十三戸。現在の清洲橋通りと三ツ目通りとが十字に交わるその角にある一号館を中心に、ほぼ四ブロックに分かれて建つ。その範囲も広い。

　各ブロックのなかではさらに棟がいくつかに切り分けられている。たとえば「青山」も十棟に分断され、破線状に並んでいるが、あれが全棟つながったのではあまりにも長い、インパクトの強すぎる壁になってしまうからだろう。だが壁と出窓の連続反復的表現を前面に押し出す意図は明瞭だ。「代官山」ではさらに棟が細かく分かれているが、コンターラインに沿って整然と配置した計画はやはり理解しやすい。

　フラットな場所に点在する「清砂通《きよすなどおり》」の特徴は、まずそれが面している道を強く意識して構成されているところにあるようだ。たとえば第一ブロック（一―四号館）や第四ブロック（十五―十六号館）にはそれが端的に感じられるが、もっとも大きい第二ブロック（五―十号館）をみるとTの字形の道路によって分断され、奥行

上・清砂通アパート事業図（真野洋介作成）。
前ページ・１号館階段室。

清洲橋通りと三ツ目通りの交差点南西角を占める１号館外観（竣工時）。

の浅いコの字型の棟と小さな中庭型の棟とに細分される結果になっている。

この構成は、他の同潤会アパートのように求心的完結的街区にまとめられることから自由になっている。建てる場所があれば、飛び地のように既存市街地のなかを断続的に縫っていく、いわば遠心力をもった構成である。多くが街路に面していることもあってか、店舗向き戸数は三十五。これは「住利《すみとし》」に次ぐ戸数。だが、逆にいえば住戸数とのバランスがとれているというか、下駄ばきアパートにならず、立地条件に応じて住宅団地ふうにもなれば店舗が並ぶ形にもなれる、融通の効いた構成ともいえる。

もうひとつ、他にない特徴として印象的なのは、いまでいうポストモダン的な建築形態を駆使している点である。清砂通アパートといえば、まず写真で紹介されるのが一号館の十字路に面した円筒形の階段室と、その形態を強調する一階および屋上の円柱列、さらに四階の紋章のような装飾である。さらには五号館屋上のシルエットを決めている双対のパーゴラ、十号館両

火元取締

7号館下の通り抜け。
右ページ上・5号館屋上のパーゴラ。下・同館階段

翼の円柱と片アーチ型で造形されたバルコニー、また三号館や七号館の階段室下部のアーチをパースペクティブに重ねた路地。

このような細部は、建築計画がまとまった後に、野太いデザイン要素をアクセントとして、臆面もなく好きなところに散りばめていったとも読める。住棟配置と同じように、装飾が飛び地伝いにつなげられていく。だからわかりやすい。気楽に楽しめる。どこまでも平らな土地の拡がりが続く東京下町の性格を見ていたのだろうか。

それが関東大震災の痕跡をまだ残している荒涼とした地平に忽然と建ち上がった当時、集合住宅とすぐに納得する人は少なかったにちがいない。このことについては、デパートメント・ストアと見間違えたとか、さまざまな言及がすでにある。では子どもたちはこの新しい風景のなかでどんな日々を送っていたのか。

一号館の表通りに昭和二年(一九二七)、つまりこのアパートの完成と同時に入居して、以来今日まで店を継いでいる二汲屋《ふたくみ》中村酒店主の中村昭さんと娘さんの富子さんをたずねた。

学生時代、同級生に浅草の男がいたので、ぼくも東京生まれだけれどと話しかけたら、どこ? 下北沢だって? じゃあ東京じゃないよといなされたことがある。彼の表現によればノテジン、つまり山手の人間にとって、下町の拡がりを把握するのはけっこうむずかしい。中村さんのところは富岡八幡宮の氏子という話で、まずそこに土地のイメージの錨を下ろしてみたのだが、まだ震災後の気配が残るこのあたりの地平には何が見えたのか。

「橋ばっかり。川と堀と橋と。それからお寺」と富子さんはいう。一号館の屋上から四周三百六十度、全部見えた。屋上といっても、いまの屋上からさらに鉄の階段で昇った屋根の上で、子どもたちは「丸屋上」と呼んでいた。現在は危険なので階段が外されているが、そこから見えたいちばん高い建物が江東区役所(現・深川江戸資料館)で、あとは橋ばかり残っていた。

これは富子さんの話だから、じつは戦後の風景であ

左・ダストシュート。右・10号館バルコニー。

る。しかしこのアパートが出現した時期の風景と容易に重なってしまう。昭さんの小さいころは隅田川の花火がよく見えたという。

昭和二年（一九二七）六月にこの一号館が完成した。昭さんはその年の九月に生まれた。子どものころはどんな遊びがあったかというと、まず釣りである。秋はいまの東砂、つまり荒川放水路の土手で蝦蛄《しゃこ》や海老を釣った。春になれば荒川の葛西橋を渡っていまの江戸川区、葛西の奥まで行って、沙魚《はぜ》を釣る。行きは歩き、帰りだけのバス賃とおにぎりを親にもらって遠征する。帰りはバケツが重いのでバスに乗ることが許される。その収穫は家族の夕食に添えられる。だから遊びといっても、いまの子どものそれとは違う。遊びらしい遊びとなると、悪戯というか危険きわまりない冒険だった。網の目状に一帯を覆う水が子どもたちをつねに誘惑していたのである。なにしろ木場の仕事場や倉庫としての水域である。都現代美術館のある木場公園もかつては満々と水を湛えていた。筏やポンポン蒸気が行き来しているところをこっそり泳ぐわけだから、舟の底に吸い込まれて死ぬ子もいた。きびしく禁止されていた遊びを違犯していたのである。危ないといえば、高いコンクリート・アパートの屋上のパラペットにあがって走りまわったりしたともいうから、むかしの子どもはすごかった。

どこからも木を挽くモーターの音がこだましていて、昼のサイレンが鳴るとピタッと止まった。午後また仕事が始まるまでの町はほんとうに静かだったにちがいない。

そんな町で同潤会清砂通アパートの一角に開いた店は、食堂、薬屋、氷屋、コーヒー屋、八百屋、魚屋、米屋、乾物屋、呉服屋、靴屋と何でも揃い、それぞれの店特有の商行為を子どもたちに見せていた。いまのスーパーやコンビニと違うことはもちろんだが、個々の店のなかの様子も現在のそれとは違っていた。私自身の体験からも少しは推測できる。

「戦前はビン詰めの酒というのがなかったからね」と昭さんはいう。「四斗樽が四つ据えられて、それをおやじがお得意さんそれぞれの好みに合わせてブレンドしていた」。御用聞きにいった先で空きビンを預かり、どこのだれさんはどういう好みかを知っている頭のなかのデータバンクによって次々と調合する名人芸が、むかしの酒屋にはあったのだ。「戦後は規格化されてしまったから、ぼくも酒を扱っていられるんだけどね」。おやじ、つまり中村酒店の初代は、一年三百六十五日を通して熱燗二合の晩酌を死ぬまで欠かさないような人だったが、昭さんはそれほどではないというわけだ。いずれにしても、酒ビンがキラキラと並んでいるいまの酒屋の棚からは、酒を一級二級と決められたりすることのなかったむかしを思い出すことはできない。

入居した当初は店舗と倉庫と、その上に住居の三戸分を借りた。家賃は高い。だから一家総出で働き、子どもも店を手伝い、晩のおかずを遠くまで確保しにいった日々が想像される。同潤会アパートは震災で家を失った人々のための福祉的集合住宅であると、ひと言でよくいわれるが、その枠のなかでは全体の説明がつかない。また、じつは金に余裕のあった階層が占めていたとも断言はできない。これもまたかつての店内風

昭和30年代、6、9、10号館一帯。両国の川開きともなれば住民はこぞって屋上で花火見物（撮影・内海三郎）。

景が具体的には思い浮かべられないように、データ的資料だけでは再現できないような気がする。

資料によると、共同施設として娯楽室、食堂、医療室があったそうですがと訊くと、いやそんなの知らないよ、現にここに住んできた人間が言うんだから間違いない、という返事。「個人で食堂をやったり、二階に小児科の先生がいたりしたけれどね。三階で区役所関係の人が幼稚園をやっていた。ぼくはその一期生。この丸い屋上が運動場でね」

児童遊園は、いまもそのスペースがまるごと一号館と二号館に囲われて残っている。ブランコは朽ち、幼児も入って遊んだ小さいプールはその輪郭だけを残して、洗濯物と猫がのんびり日向ぼっこしている。「この前『スワロウテイル』って映画で、この中庭が上海の路地にみたてられてね。この猫も出演したよ」と富子さん。ここをはじめとして、他の棟の中庭やコの字型の棟に抱きこまれたスペースにはさまざまな木が植えこまれていた。子どもたちが蜻蛉《とんぼ》とりに夢中になった、いくつもの小さな森だった。いまは多くが駐車駐輪場として使われている。

物干の場所は暗黙のうちにそれぞれの領分が決まっていて、だから雨が降り日が暮れれば、よその洗濯物も蒲団もとりこんでその留守宅に入れておくのがあたりまえになっている。外出するときも周りに声をかけていくから、招かれざる者は滅多に入りこめない。外にはそれとなく閉じ、内側は開かれた隣り近所が長年のうちに自然に形成されてきた。外から入居してくる若い人などもたまにいるけれど、干渉されるのが嫌で多くはまた去っていく。集合住宅にはそんな近所付き合いとは逆の生活を期待するのが現在だからだろう。「私たちはよかれと思ってするんだけれどね。要するにここにはおせっかいやきが多いんだよ」と富子さんはつぶやいた。

昭さんの子どもたちが大きくなり、それぞれの家庭をもつようになって、住戸がさらに三軒増えた。すべてこの二号館、四号館のなかである。増改築も上下階の住人が声をかけ合ってまとめてやることが多い。空家ができれば同じように上下左右の家に話して譲り合

1号館中庭側。手前が児童遊園。右手洗濯物下の猫は『スワロウテイル』に出演したという。

う。びっくりするような安い値段である。六十年以上の古いアパートに住みつづけている点ではつつましい生活だが、いまの東京にはとうに望めなくなった贅沢、豊かさだといっていい。

昭和二十年（一九四五）三月十日の大空襲（もう何度も出てきた、下町の十万人が焼死した日）で、ここ一帯は火の海となった。一家全体では逃げられないと覚悟を決めた中村家の人たちは建物内にこもり、座布団に繰り返し水を含ませては木の窓枠に押し当てながら、外に逃げた人々が火ダルマになるのを目撃した。あまりにも強い火勢が煙を空にそらし、冷たい風が建物を包んだ。ガラスの割れた住戸は火に襲われた。ぶあつい鉄筋コンクリートが、なかの一部の家族の命を守ったことはたしかである。

清砂通の同潤会アパートのほとんどが猛火に包まれたが、十号館だけはなぜか逃れた。ここにいまも住んでいる内海三郎さんは、復員して永代橋を渡ったとき、焼け野原に残るアパート群が見えたという。近づくに

昭和30年代、10号館前の正月風景。杯を受けるのは浅沼稲次郎（撮影・内海三郎）。

つれて自分の住まいのある十号館だけが外壁の色が変わっていないのが見分けられた。あとはどのアパートも火に炙られてピンクに変色している。内海さんは駆け足になった。

同じ十号館の北ウィングの一階に、日本社会党の浅沼稲次郎が住んでいた。生き残った人々の飢えを救うために奔走した政治家は、アパートの住人たちからいまでも命の恩人と呼ばれている。

浅沼さんは、独身時代は十二号館にいた。昭和四年（一九二九）、竣工後まもなくの入居らしい。それから十号館に移る。夫人と娘さんの三人、秘書も一緒だったころ、まだ議員会館もなかったころ、用事のある人々はみなここに来たというから、家族も秘書もたいへんだったろう。昭和三十五年（一九六〇）、浅沼さんが暗殺で亡くなったあとも夫人は住んでおられ、二十年ほどあとに逝去されたのちもそのままに住まいが残されている。

鍵を開けて室内を案内してくださったのは、終戦後まもなく長野から上京し、浅沼さんの秘書をつとめて

10号館1階、浅沼稲次郎の部屋。

いた西澤章さんである。焼け野原を眺めながら浅沼夫人に悲惨な大空襲の話をきくこともあったという。洗濯機はないし、食事の支度は外で七輪を使っていたころ。風呂も銭湯である。「何か事があると新聞社の車が旗立てて十台ぐらい集まってくる。入口のドアはひっきりなしにバタンバタンと開けたり閉めたり。ご近所迷惑だったよね」と西澤さんは肩をすくめる。そのご近所の内海さんたちはそんな事情をよく承知していたし、紙芝居が来て子どもたちが集まってくると、浅沼さんも窓から顔をひょいと顔を出すような、住まいと町がつながっている場所だった。中国からお客さんが来たり、お正月にみんなが集まり浅沼さんを交えて一杯やったりしている記録を、セミプロカメラマンの内海さんは数多くものにしている。

残された住まいは、竣工当時の様子と浅沼さんの生活像とをともによく語っているように思えた。玄関からいちばん奥、道路にいちばん近い六畳間は寝室に使われていた。おふたりの話を聞きながらメモをとっていた座卓が、浅沼さん愛用のものだったと教えられて

昭和30年代の正月風景。10号館屋上から９号館屋上をみる。通りの向こうが５号館。

驚く。太い柱、梁はコンクリートの構造体のままだが、いかにも頼もしいし、木部もほとんど痛んでいない。時の経過で急速に惨めになっていく材料ではないのだ。

現在は十三号館に住み、清砂通アパート全体の再開発準備組合にも関わっている西澤さんは、「ここは大通りを隔てて四つにブロックが離れているから、なかなか大変」と苦労が多いようだ。組合ができて五年が経っている。西澤さんとしては、浅沼さんの住まいだけでも何らかのかたちで保存できないかと考えている。一方、内海さんは、ここはアパートとしてはもう社会的役割を終えたと考える。「ごらんなさいよ。あの大きなマンションと都の現代美術館とにここは挟み撃ちされているでしょう」。現代の東京という状況にね、と内海さんは言いたそうだった。

同潤会アパートはどこもそうだが、ものめずらしげに見られたりカメラを向けられたりするのを嫌う住民の人々の眼にもぶつかる。生活の内実はとても豊かなのに、歴史のある建物であることだけが、東京ではそこに住む人々を貧しいかのように見せるのだ。もちろ

6号館中庭で催された盆踊り。下・8号館裏、自転車小屋前で子どもたち（上下、右ページとも撮影・内海三郎）。

ん、新しい建築に盛りこまれる思想の曖昧さをだれもが感づいている。しかしその「新しい」という、よくわからないものに希望を託さざるをえない。同潤会アパートがいつまでも残っていてほしいと願う私たちは、一足先に新しい都市と建築に裏切られ、惨めさに耐えがたくなっている。だから失った生活のありかを、長く住みつづけられてきた建築に託しているのである。

一九九七年四月

同潤会鶯谷アパート

関東大震災後の復興事業の柱として本格的に試みられた近代的集合住宅、つまり同潤会の一連の鉄筋コンクリート造アパートについて、何度も同じ紹介をくりかえすことになってしまうが、東京に十四、横浜二ヵ所、そのひとつひとつの表情が違う。それぞれが建つ場所を強く意識させる。その後、現在にいたるまでにつくられた東京の集合住宅全部をひっくるめて対抗させても、この二十足らずの同潤会アパートの生き生きとした多様さにはおよばない。それでいて、どれも一目で、あ、同潤会のだとわかる。都市景観の一要素として生きている証拠である。

鶯谷アパートは、そのなかでも目鼻立ちがはっきりしている。なんといっても、表通りに面した建物の屋上の壁に「鶯谷アパートメント」の大文字が堂々とタイルで描かれている。他の同潤会アパートにはない。小さな円窓がアクセントになっているのも印象的だが、これもここだけのデザイン。そして全体が柔らかく優しい輪郭に包まれている。出隅部のバルコニーや窓の庇が万遍なく曲線で統一されているのだ。

鶯谷アパートは昭和四年（一九二九）、日暮里駅のすぐ近くに出現する。三階建て三棟、そのうち二棟（二、三号館）はコの字形で中庭をもつ。ふたつ並んだ中庭に蓋をするような形で直線状のもう一棟（一号館）が配置され、外部にたいして壁でうまく囲い込んだ団地内の場所をつくり出している。

子どものときから現在まで、ほぼ六十年をここに暮らしてきた住民の方にとってはもちろん物心ついたときからなじんでいる住まいだが、当初は遊びに来た友だちからは「デパートか学校みたい」と驚かれたという。かたや水洗便所などの最新設備も革新的だったにちがいないが、一般の人たちには何よりもアパートメントは「家」とは違う、未知の都市建築だったのである。同潤会アパートならずとも、当時あちこちに出現した「アパートメント」は、木造にモルタル仕上げで西洋ふう（と考えられていた）意匠を外観だけでも誇示したのだった。それに比べて同潤会アパートは、内部までもコンクリートのままの柱梁と天井を白く仕上げていたために、「まるで病院」のように思われたらし

前ページ・住棟裏側の勝手口。壁の仕上げはリシン掻き落とし。

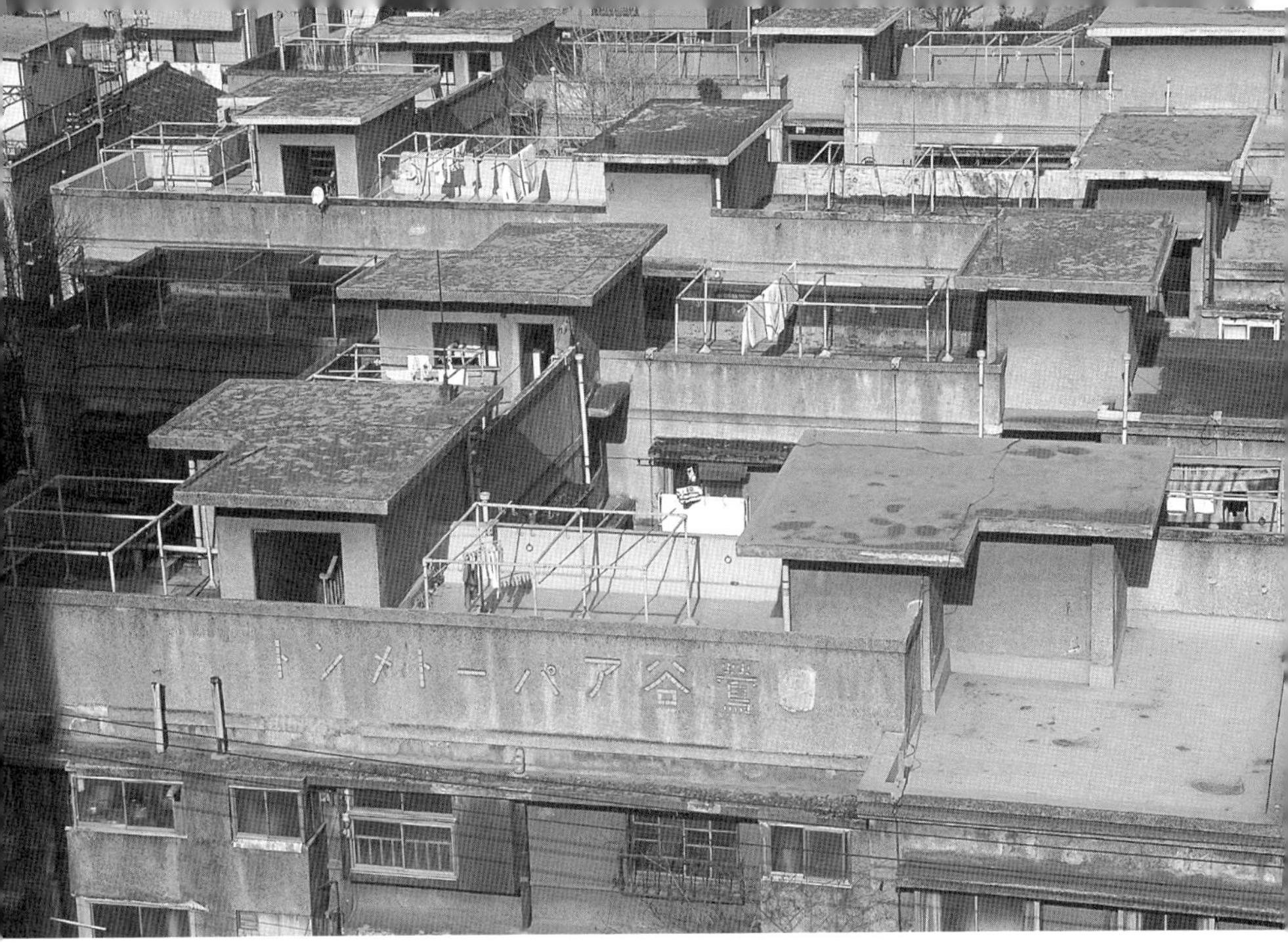

尾久橋通り反対側のビル屋上から2、3号館を望む。

い。けれども、現在のアパートやマンションを見慣れた目からすれば、どの住戸も玄関ドアとは別に、反対側の庭にかわいらしい勝手口をもち、骨太の構造体が室内をしっかり守っている姿はむしろ、都市型の「家」の原型を示しているようにみえる。

そして同時に、全九十六戸の「家」は、それぞれ好き勝手に住まわれていたのではもちろんなく、共同体としての規律や作法にのっとる暮らしがあった。この大家族の庭には池も砂場もあり、加えて十数の階段室や屋上は子どもたちの格好の遊び場だったが、庭を縁取る刈り込みの潅木などにちょっとでもいたずらをすると管理人に厳しく叱られたというし、出会ったときの挨拶など、居合わせた大人たちがしつけるのはごくあたりまえだった。

屋上のパラペット（端部で立ち上がる壁）の内側のところどころには鉄環が打ち込まれている。かつてはそこにザイルが結びつけられていた。さすがに震災後のアパートで、避難体制もよく考えられていたのである。また、パラペットの一部がほかより高くなっていると

尾久橋通り沿い。左手２号館、右手１号館のあいだに団地入口がある。
下・コの字型の２号館（右端奥は３号館）。
左ページ・棟の裏表を通り抜けできる階段室（住棟裏側）。
左側にダストシュート。右側トイレの円窓は他の同潤会ではみられない。

ころがある。物干し場は外から見えないようにその内側だけに限られていた。いまでは各住戸の窓にも洗濯物がひるがえってはいるが、それでも全体が整然としているのは、増改築が野放しになっていないからである。私が十五年前にここを取材したころは、自治会規約によって、出窓の増築のみは月に百円、自治会に納めることで許可されていた。驚くべきことに、いまでも百円据え置きのままで続けられている。クーラーを付けても百円、自転車を置くのも百円。この団地の、どこか堅固な佇まいは、自治会のこうした運営の手堅さに連動しているにちがいない。

戦時中、一、三号館の一部は空襲の火を被って焼けたが、構造躯体はしっかり残った。しかしその建物と土地は終戦の翌年、都に移管されるという変化があり、やがて建物は貸借人に払い下げられ、さらには土地も分譲されることになる。だが（同潤会を発展解消した）住宅営団から自治会への管理の移行がスムーズにいったのも、すでに共同体の生活に骨格ができていた証拠だろう。

全住戸は階段室ごとに束ねられ、自治会の取り決めや報告は、役員から各階段委員に、階段委員から各住戸に伝えられる。六人の役員は会長のほかは総務、会計、管理、電気、水道を担当するが、たとえば漏水のチェックはとくに厳しい。どれほど微量でも、放置すれば共同メーターに大きく影響してくる。何もかも、この大家族全体に関わっている。

かつては、三号館中庭に巨大なスクリーンを張って映画会が催されたり、演劇を楽しんだりしたという。

3号館2階、バルコニー部分を改築した部屋。右ページ・トイレの円窓。

多くの椿が植えられて、椿御殿と呼ばれた時期もあった。一集合住宅団地が地域共同体の核ともなっていたのである。

昭和六十年（一九八五）まで全住戸が住まわれていたが、それ以降は居住人口が減り始め、現在は半数以下。かつては外燈に頼る必要がないほど、全部の部屋に明かりの入っていた団地の夜は、もうひっそりとしている。ここは同潤会アパートのなかでも最初に建て替えが検討されたというが、現在もなお、よりよい解決を探し求めている。この集合住宅を建築史上かけがえのない遺産とみるなら、外壁を完成時の状態に戻し（可能だ）、内部をモダンなデザインとコンパクトな機器で一新し、だれもが住みたくなる魅力を取り戻す道もまだ残されている。日本の集合住宅は欧米に範を得て建設されてきた。しかし、建て替えや再開発に関しては、これはという手本が見つからない。欧米における記念碑的な集合住宅のどれもが、住民と行政の努力によって、建て替えではなく復元、保存の道をたどっているからである。

一九九八年四月

同潤会大塚女子アパート

地下鉄丸ノ内線茗荷谷駅から春日通りに出てすぐ、旧同潤会大塚女子アパートがある。外壁全体に紗がかかっているように見えるのはネットに覆われているからで、それは解体工事用（まさか、と一瞬あわてたが）でも修復のためでもなく、タイルの剥落を防ぐ、新しい皮膜らしい。壁にぴったり張られていて、いまも開閉している窓の部分はネットが切り開かれている。

昭和五年（一九三〇）竣工。つまり同潤会集合住宅の最後に位置する江戸川アパート（一九三四年）のひとつ前に登場したこの建物は、そのようにいまも内側の生活が息づいていることを知らせる。これまでは何度も外から見上げるだけだったが、今回はとくに許可を得て、都住宅局および住宅供給公社の方々の案内で内部に入らせてもらった。

当時の「職業婦人」専用の個室約百五十戸の集住体である。その前にはやはり男子独身者専用の同潤会虎ノ門アパート（一九二九年）がつくられているから、震災復興事業としての同潤会集合住宅施設は、最終段階にいたって、新時代のための都市住居づくりへと展開していった感がある。大塚女子アパートも、最初の事業が峠を越した時点で追加立案された。

昭和初期に入って都市部に急増してきた働く女性のための安全な住まいの実現は、東洋一を謳う近代的装備を搭載した二百六十戸の江戸川アパートにも、その企画の斬新さにおいてはひけをとらなかった。

鉄筋コンクリート五階建ての外観は、同潤会アパートにしては凹凸が少ない。その代わりにタイル仕上げの壁と、窓部分とを交互に水平に重ねたストライプが建物全体の表情になっている。マッシブでめだたないけれどもこの外壁の処理、玄関のキャノピーを支える柱やその床の装飾タイルなど、控え目だが身だしなみをちゃんと整えているあたり、女性の住まいを設計するにあたっての担当者の工夫を想像せずにおれない。でも内部は、それ以上だった。

全体は典型的な市街区型で、一棟にまとめられている。これも同潤会アパートとしては他に例が少ない。中庭を中心に、コの字型に棟が囲っている。春日通り

前ページ・屋上南面、日光室前のパーゴラ。

春日通り側の外観。

に面して店舗が並ぶ。各々に内階段がつき二階に住居。玄関を入り、受付ロビーを抜け、その奥の、応接室を兼ねるホールに続く通路が、この店舗群と背中合わせになっている。ホールから中庭に出られる。

一二—一八平方メートルの個室が、中廊下の両側に並ぶ。つまり中庭に向いた部屋と街に向いた部屋とに振り分けているわけである。さらには和室タイプと洋室タイプを半々の割合で組み合わせている。一階はすべて洋室。二—四階は、中庭に面して和室、街に面して洋室が並ぶ。五階はすべて和室。それぞれの部屋と外部との静と動を、和室洋室の性格をからめて案配した、これは絶妙な部屋構成だと思う。

さらに五階は、翼棟の片方が屋上になっていて、共同洗濯場と物干しとし、最上階は日光室（サンルーム）と音楽室がペントハウスのように置かれているだけ。だから別天地となる。いまはかなりの高級マンションでも、屋上は機械室も物干しも温室もプールも一緒、みたいな無造作な扱いが多いが、ここでは家事のための屋上と憩いのための屋上を、レベルも向きも変えてそ

正面玄関の石貼りの円柱と床のタイル装飾。
右ページ上・つくりつけのベッドがある個室。下・中庭。右手テラスの奥が応接室。

れぞれが独立するように配置しながら、同時にふたつの屋上をさりげなく外階段でじかに結びつけてもいる。

最上階の日光室、音楽室は細長く、南面がそっくりガラスの吊り戸で開放されている。日光室には卓球台、音楽室には蓄音機やラジオが備えられていた。このペントハウスの前には鉄筋コンクリートの堂々としたパーゴラがもうひとつ屋外の部屋ともいうべき場所をつくっているから、自然に花や緑が集まってくる。

地下階も充実している。調理室と食堂、更衣室、シャワー室、浴室、洗濯室が完備。電気代や浴室使用料は家賃に含まれていて、遠慮なくいくらでも。あと、忘れていた。エレベーターもあった。日光室の脇にそのスペースが残っている。

こうして見てきた場所に、むかしなら男は入れない。管理人の目の前で記名し、腕章をつけて、一階のホールで給仕立ち会いのうえで面会を許されるだけ。そこから見える中庭の光景は、どう表現したらよいのかとまどうほどのふしぎな佇まいを見せている。

ホールの前は広いテラスになっている。そこから数段降りたところが全面四角いブロックを敷き詰めた中庭で、中央にやや無愛想な植木の鉢がひとつ据えられているだけ。まわりの樹木は小暗いほどに高く生い茂っている。

設計図を見ると、いま、植木の鉢があるところを中心に、もっと細かい石か煉瓦のピースが同心円状に敷かれているし、別の図面では円いテーブルを囲んだ椅子が描かれている。住人が集まって中庭として使われていたのだろうが、東京オリンピックに際して春日通りを拡幅したときに地下階ごと曳家したというから、それで多少様変わりしたのかもしれない。生活の外に逃れていってしまった場所のようでもある。

それをどう表現したらよいのか、まるで陳腐なのだが、子どものときにみた、夢のなかの庭とでもいったらいいのか。だがその夢のディテールは鮮明で、庭と地階とのあいだの、なかば落ち葉に埋もれた空掘や、テラスに開いたホールの、どこか途方にくれたような二連の両開きのガラス戸や、ホールの屋上から唐突に上昇している錆びた螺旋階段などが、庭を眠りにつかせたまま、その様子を精緻に仕上げているのだ。

枝葉を拡げる木々や苔むした敷石から見ても、中庭は、この建物でいちばん変化を感じさせる場所である。だがここに住む人たちを、外部の目まぐるしい移り変わりから、時を止める力で守っている。たとえば、同じ同潤会の江戸川アパートの中庭もすばらしいし、その魅力を語らない人はいない。しかし家族住戸を主体として構成されている以上、いかに近代的設備が充実していようと、広々とした中庭があろうと、集合住宅というビルディング・タイプの枠からは外れない。逆にいえば、現代日本の集合住宅の、揺るぎない原型として江戸川アパートの豊かさがあるわけだが、大塚女子アパートは個人の集住体である。それは個室群で構成されているからというばかりでなく、「暮らしぶりは、自分の生活を守り、他人には干渉せず、ただ一人一人というのが、創立以来の精神」(「日本における集合住宅の普及過程」日本住宅総合センター)であるところに由来する。

私は江戸川アパートの一部屋を借りて十数年になるが、あそこでは住人と出会う機会が少ない。しかし大塚女子アパートにいたわずか数時間ですら、ご婦人方との出会いやおしゃべりが多かった。つまりここは集合住宅というより街なのだ。働く女性という現代ではあたりまえになった状況にたいして、七十年前、家事から日用品の買い物の必要から憩いと安全を守ることまですべてを叶えようとした設計とそこに住む人々が独自につくりあげてきたルールが、集合住宅という枠を取り外した。その結果、現在の眼で見ても、当時の働く女性たちの生活が一瞬にして甦ってくるような、他に例のない生きた記録そのものとなるまでに建築が成熟しきっている。

現在、都住宅局の管理下にあり、都住宅供給公社によって建築軀体が維持・管理されているが、運営は住み手の自治による。すでに使われていない部屋や設備があり、建て替えの問題もいつかは起こるだろうが、この集合住宅が育んできた生活空間を、現在の建築設計の方法がシミュレートできるとは思えない。建物が消えればすべてが消える。

二〇〇〇年十二月

旧銀座アパート

銀座については以前から距離をおいて考える向きがあった。この場所について書かれたり話されたりした本や新聞・雑誌の記事、あるいは映画やテレビの映像記録、その他の資料はおびただしい数にのぼるだろう。銀座が人生だった、みたいな人だって数えきれない。生半可な知識や体験でものを言ったらお叱りを受けそうな場所。

もうひとつ、これは現在もかかえている疑問なのだが、銀座に「住む」ことに関しては、聞いたり読んだりする機会があまりないのである。表通りや裏通り、路地を歩いてみてもよくわからない。いわゆる商店街だったら、二階なり裏手なりに人が住んでいる気配が濃厚だし、ビジネス街なら生活の匂いが遠いのはあたりまえ。ところが銀座には気配のあるなしとは別に、夢まぼろしの住まいが厳然と存在していなければならない。そんな気持ちがどこかにある。それはビルのオーナーの住まいではなく、ましてや一戸建て住宅でもない。着飾ってそこを散策すれば一瞬の異郷に遊べた、そういう時代の名残がいまも残っている街だとしたら、ほんとは集合住宅こそ銀座にふさわしい。となれば時代は戦後ではない。アパートメントが都市建築の雄であった昭和初期である。

その手がかりを探していたら思いがけない偶然があった。家具・インテリアデザイナーの内田繁さんが最近個展をひらいた。その画廊が銀座一丁目の奥野ビルに入っていた。このビルはアパートとして建てられたことで知られていて、ついこのあいだ、編・写・文の取材トリオで外観を下見したばかりだったのだ。

内田さんはこのギャラリー「巷房」がとても気に入ったようで、今回の棚をテーマにしたインスタレーションを皮切りに、年に一度のペースでこの先十年間、展覧会をやりたいと宣言している。そのオーナーの東崎喜代子さんに、なかの様子をまず訊くことにした。

東崎さんは画廊をもって八年になる。ここにある知人の事務所をたずねてきてびっくりしたのがきっかけである。小さなビルなのに入口ホールの空間が豊かで、折りたたみ式ドアや時計型の階数表示がむかしのままのエレベーターや不思議な階段室、「それに廊下の床

前ページ・スクラッチタイルで飾られたビル正面。
南側（左手）、北側の２期に分けて建設された。

1階ホール。折りたたみ式ドアのエレベーターがいまも残る。

を見てください。なんて美しいんだろうと、来た瞬間から好きになりました」。つまり長い歳月のあいだに土間コンがすっかり熟れて、路地の趣を呈しているのだ。階段もそうだったのに、数年前、突然改修されて味気ない仕上げになってしまったと残念がる。

　私よりもっと前からここにいる人ですと、東崎さんに紹介されたグラフィックデザイナーの塚本陽さんは違う意見で、すこしは小ぎれいになってよかったという。以前ここにあった写真現像所の強烈な臭いやうらさびれた様子が印象に残っているからだろう。考えてみるとこのあたりはプロ写真家が利用する機材店とかDPE屋、それにデザイン事務所が多い。モガモボ時代に青春を謳歌していた超年輩の建築家に訊いてみたのだが、「そっち」はよく知らないとの答えで、四丁目から八丁目にかけてと比べると、同じ銀座でもまるで異なる界隈だったのか。

　奥野ビルは完成当時は銀座アパートメント（資料によってはメント抜き）と呼ばれた。入手できた資料でもっともくわしいのは『中央区の文化財』建造物篇である。

廊下。左手と奥のドアは、竣工時のまま。
右ページ上・５階、北側の画廊「銀座フォレスト」内。
下・上階、南側の階段。
植木鉢の置かれた窓の向こうは、北側の階段。

一ページだけだが概要はわかる。パッキングを家内工業的につくっていた奥野商会が震災後土地を入手、昭和七年（一九三二）前後に建設した。二期にわたる工事でまず南側半分、次いで北半分を完成。一階に店舗、事務所、小使室、地階に共同浴室、屋階に談話室、洗濯場、二―六階がアパートメントで、各階に平均六畳の洋室が十部屋、六畳の和室が二部屋、流しと押し入れは各戸に、便所は共用で各階に二個。全館スチーム暖房という文化的生活を用意していた。

二期の工事期間の間隔は不明だが、当初から全体の計画ができていたのではないことはたしかだ。いわば双子ビルで、第一期のビルで完結したあと、なんらかの機会か事情があって、隣りにプランを裏返しにしたかたちでほぼ同じビルがくっつくように建てられたとしか思えない。前に書いた不思議な階段室というのが中央やや奥にあるが、本来はひとつですむはずの階段室がふたつ、それもわずかにズラされて並んでいる。だからどちらの階段に立っても、隣り合う階段が鏡像のように見えるのだ。無駄につくられたみたいなこの階段室のエッシャー効果とでもいうべき光景が、旧銀座アパートメントの魅力の心臓部になっている。

東崎さんの知人に、鎌倉に家をもつ俳優さんがいて、東京の住まいとして手ごろだというので彼女が代理で申し込んだ。そこではじめてわかったのだが、昭和二十年（一九四五）以降、新規の入室希望者には住宅としては貸さないことになっていたのである。名称が奥野ビルになったのもこのときらしい。

この人ならアパート時代を知っているはず、と東崎さんがあらためて紹介してくれたのが、伊豆湯ヶ島温泉落合楼に嫁がれた足立和世さんである。編集部から電話インタヴューしてもらって、重要な証言をいただいた。父上の山本勝久氏の勤め先がここにあり、山本一家は品川に住んでいたが、銀座に遊びにきたおりに和世さんは勝久氏の仕事場に寄ったりしていた。戦前期の住人に、なんと詩人の西條八十、歌手の佐藤千夜《ちゃ》子《こ》（「船頭小唄」「波浮の港」、西條作詞の「東京行進曲」「愛して頂戴」などが代表作）、舞台装置家の吉田謙吉（今和次郎と組んだ「モデルノロジオ」調査がある）などのビッグネームが出てきた。

　昭和十七、八年、和世さんが小学三、四年生のときに一家はここに三部屋を借りて移り住む。三階の洋室二部屋がそれぞれ父と兄の個室、和室一部屋が母と娘とで使われ、同時に居間兼食事室でもあり、夜は両親と娘の寝室に使われた。はっきり言って男本位の部屋割りである。学徒出陣で台湾に赴いた兄を失っての戦後は、和室からは撤退、残されたふたつの洋室は両親と和世さんとで使い分けることになる。戦争をはさんでのアパート生活の推移は、日本の一般住宅のそれに重なる。玄関先に洋室をつけた中流家庭の住宅は、従来の暮らしに異世界の一部屋を足して日常とした。日本的モダニズムである。銀座の、洋室と和室をあわせもつ集合住宅では、古い生活と新しい生活とのあいだの飛躍と一体化を、さらに可能にしたにちがいない。

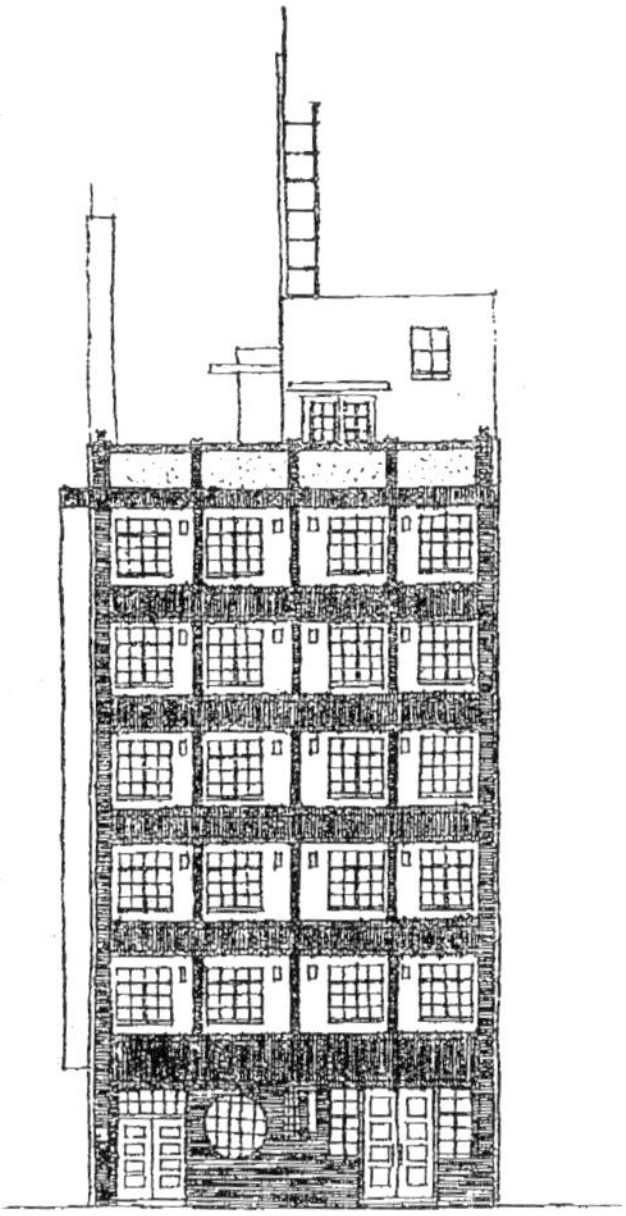
南半分、第１期の正面図。
「建築研究」1931年、第3巻8号より。

　東崎さんはもとはフリーの編集者。このスペースを手に入れて画廊経営を思い立った。五階の画廊「銀座フォレスト」の森弘幸さんは、ここ一、二年で画廊が急速に増えたという。奥野ビルは若返り始めた。

　設計は川元建築事務所。川元良一という建築家の事務所にちがいないと思うけれど、確定はできない。この人は旧丸ビル、同潤会アパート、旧軍人会館の設計にも関わっていた。他に驚くべきはフランク・ロイド・ライトのアルバイト設計だという説もある。伝説は残しておいてもいいだろう。

　南半分だけが独立した建物として、計画時点で図面が紹介された当時の文献にはこう書かれている。「これは某事務所の設計になる銀座アパート。所在、設計者等は未だ発表を見合してゐて呉れとの事です」

一九九九年十月

月光荘本社ビル
東京飯店

銀座

旧徳田ビル

最近では、ふつうの一戸建て住宅に賃貸住戸が一部屋あるいは数部屋だけ付いているというケースがよくある。そのくせかつての下宿などと違って、入口、台所、便所などは独立、専有である。貸し手と借り手の生活はそれでも微妙に交叉する。これも集合住宅の一形式としてみたい。

賃貸住戸の数がさらに多くなったり、そのうえ店舗、事務所、工場などの非居住部分（オーナーが使う場合もあれば貸室にすることもある）を加えたりしてひとつの建物にする、いわゆる併用住宅となると、これはより一般的なビルディング・タイプである。

こうした建物はいつごろから出てきたのかといえば、人類が町を形成し始めた歴史をさかのぼる必要だってあるだろうが、うんと身近に、たとえば昭和以降の日本でいちばん美しい併用住宅は、といわれれば、私の勝手な好みとして即答できる。

昭和七年（一九三二）竣工、土浦亀城の設計した旧徳田ビル。その立地もいちばん。小学校の校庭に建っている。

銀座五丁目の泰明小学校は、大震災後につくられた鉄筋コンクリート造の復興小学校のひとつ。白い壁にアーチ型の窓が印象的だ。当時、裏手は外濠に面していて、その校舎沿いに市電が走っていた。昭和四年（一九二九）完成の数奇屋橋と同じ年に、その橋の畔に竣工した。門と校庭は現在のみゆき通りに面しているが、その一角に、地下一階、地上六階のポイント・タワーが割り込んでいる。これが旧徳田ビルである。

現在、小学校は当時の面影をよく残している。一方、徳田ビルは、戦後は所有者が変わり、一時しのぎの外装のまま荒廃した姿をさらしている。タワー状のシルエットに昔日の名残がかろうじてあるが、竣工当時の写真と比べればその落差は歴然とする。

「建物の所有者である歯科ドクターの診察室および住宅、商店、アパートの四つがこの小さな面積の中に要領よくとられている。そうしてこの建築でもっとも注意すべきことは、この建築の外壁が架構から独立して突出していて、所謂自由な外壁を形成していることである」（「新建築」一九三二年十月）

前ページ・旧徳田ビル外観。左手が泰明小学校。
その上が朝日新聞社跡地に建つ有楽町マリオン。

各階がほぼ正方形プラン、四本の構造柱が外壁の内側に通っているために、「所謂自由な」つまりカーテンウォールとしての腰壁と水平連続窓がベルト状に交互に重ねられる。出隅部を曲面にしているので、四方にぐるりと連続窓がめぐらされた効果をいっそう強めている。同時に、各階の窓まわりのサッシュを微妙に使い分け、六階のほぼ半分を屋上テラスにしているので、その立ち姿は、明快だが単調ではない。

土浦はこの壁と窓を輪切りにして重ねた、いわば横縞状のエレベーションを都市建築のデザインの一手法としていたようで、四年後に完成させた九段下の野々宮アパートにも同じやり方を用いている。ただこちらは規模が大きく不整形の平面なので、連続窓と腰壁とを明快に二分するかわりに、青色と白色タイルで横縞をつくり、窓枠は青く塗装して青色タイルのベルトに連続させた（一四一ページ参照）。なんとお洒落な。

バウハウスでの勉強を終えて、昭和七年（一九三二）に帰国した山脇巖・道子夫妻は、翌年、徳田ビル三階の四分の一（平面図を見ると、フロアが四分割されたその三つが居室、残るひとつが共同の便所・浴室になっている）と五階の半分を借りて住まいとアトリエにあてていた（山脇道子『バウハウスと茶の湯』）。この年の五月十九日、数寄屋橋の東京朝日新聞社屋上テラスに立ったブルーノ・タウトは、山脇夫妻が起居するこの「モダンな住宅」を眼に留めている。

オーナーは徳田鐵三。大正年間に渡米、ネブラスカ州オハマ市の大学とニューヨークの大学院で歯科医学を学び、ヨーロッパ各国の歯科医学を視察しながら、昭和三年（一九二八）帰国。銀座西五丁目に徳田歯科医院を開設。そして四年後には徳田ビルが竣工。屋上パラペットにはDR.T.TOKUDA...DENTISTのモダンなロゴが掲げられる。

その長男の肇さんにお会いできたのはデキすぎた偶然で、知人の建築家・伊郷吉信さんの施主だったから。ということで、伊郷さんと一緒に千葉南郊のニュータウンにある二代目徳田歯科医院をたずねた。

肇さんは、昭和五年（一九三〇）、現在銀座東芝ビル、当時はしもた屋がずらっと並んでいたその一軒に生ま

竣工時のビル外観。
右ページ・屋上から泰明小学校を見下ろす。
アルバムには1932年と記されている
(いずれも徳田肇氏所蔵)。

れた。徳田ビルに移ってからの記憶も幼少期だからあまりないという。まもなく住居を小石川に移したあとも、ときどきは銀座の父の医院に寄っていた。小学校も隣りの「泰明でよかったのに、親が見栄張って女子師範の附属に入れられちゃった」。山脇夫妻についての記憶はおぼろげだが、一階はメイ牛山の美容室、六階ペントハウスにはミスター・シェイラーというアメリカ人が住んでいたのを覚えている。

この屋上テラスから、東京朝日新聞社はもちろん、日劇、帝国ホテルなどの超豪華パノラマが見えたわけだが、現在も根っからの銀座っ子である肇さんにとってはとりたてて言うほどのことでもないみたい。むしろ、二・二六事件の雪の日、このときは鎌倉に住んでいて、父と一緒に有楽町まで来てみると戒厳令が出ていて先に行けない。父が説明してやっと通してもらったとか、天皇のお召し列車が通るときはそちら側のカーテンを閉めるように、あるいは戦争がたけなわになれば、看板の「米国矯正歯科医」の「米国」の文字を削除するように命令された記憶が鮮烈に残っている。

肇さんの記憶では、室内の壁はアイボリー、床はダークグリーンのリノリウム。いつも靴をはいているのがあたりまえだった家族の欧米ふうの生活は、銀座においてさえめだっていたにちがいない。昭和モダンと戦争がぶつかっている。昭和十九年（一九四四）から翌年八月の終戦まで、肇少年は、三重海軍航空隊乙種第二十二期飛行予科練習生である。三重に行っている留守中に、徳田ビルは三月十日の東京大空襲の、窓ガラスを突き抜けた焼夷弾によって室内が炎上する。八月二十日すぎに三重から新橋駅に戻ってきた肇さんは、瓦礫の山の向こうに尾張町交叉点の服部時計店（現和光）や三越だけが残った光景に出くわす。泰明小学校は外壁だけを残して焼失、がらんどうの壁の外側には周辺のガラクタが持ち込まれ積み上げられていた。徳田ビルの真向かいにあった細川印刷のビルも残ったが、水びたしになった地下室には無数の焼死体があった。

その後の銀座を、肇さんはずっと見てきた。いや、あいかわらずそこに生きていた。米沢で歯科を開業していたころは七時間かけて車を自ら運転し、ここに飲

住居階でくつろぐ徳田鐵三、ジュン夫妻（徳田肇氏所蔵）。

みに来たくらいだが、その銀座も「いまはもう……」と多くを語りたがらない。戦後まもなく、徳田ビルは父鐵三の手を離れ、その後転々と所有者が変わり、無人になった現在にいたる。「おやじはいっさい私に話すことなく死んでしまったからね」。アルバムだけが残った。「アパートとされているフロアにだれかが住んでいたかどうか。事務所に使われることが多かったような気がしますね」

たとえ住んでいたとしても生活臭は希薄だったのかもしれない。徳田歯科の客には山口淑子、石井好子、河野一郎の名があった。そんな併用住宅だった。ライトのもとに学んでいた土浦亀城と徳田鐵三の滞米時期はほぼぴったり重なるから、向こうで何かの接触があったかと想像されるが、美しいモダニズム建築がつくられた契機は不明のままである。徳田ビルの定礎には自分たち夫婦の名を刻んで埋めた。だからあの建物は私の墓なんだよと、鐵三はそれだけを話していたという。それはまだまっすぐ立っている。

一九九九年十一月

浅草寺支院二十一ヶ寺

浅草寺。もちろん、雷門をくぐって仲見世を抜けた奥の、まぎれもない聖観音宗金龍山浅草寺である。その境内、本堂の右手後方の一画に、支院二十一ヶ寺の集合体がある。支院を塔頭といいかえれば、とたんに京都大徳寺などの境内が目に浮かぶが、こちらは都市型というべきか、コンパクトに統一されて箱庭ならぬ箱町のような佇まいだ。

ほぼ正方形の敷地のなかを微妙に屈折した二筋の路地が南北に抜けて、全体が三等分された区画に、二軒ずつが背中合わせに並ぶ。各戸の玄関はそれぞれが面している路地に開いているので二戸建て住宅とは見えない。ちゃんとした庭もある。つまり二戸建て住宅と庭が交互にサンドイッチされた帯状の区画が三列あり、路地の出入口には立派な門がついて、この二十一ヶ寺を束ねている。加えてその外周を囲む長い塀の天端をはじめ、全戸の一階庇、二階のパラペットを、緑の釉薬で仕上げた本瓦の水平ラインが引き締めている。多様性と統一とを調和させた配置計画と、それが一瞬にして眼に見えるように手際よく布置された意匠は只者の仕事ではない。昭和六年(一九三一)暮れに完成、設計は岡田信一郎と実弟の捷五郎。

岡田信一郎といったら一流の建築家である。設計ばかりでなく、現・東京芸術大学における建築史、建築意匠の講義もすばらしかった。と聞くと、和洋の建築様式が入り乱れてコントンとしていた時代に、それぞれの様式というものがもつ意味を思索しつつ逡巡しつつ、しかしよく見抜いて表現する鬼才だったにちがいないと想像してしまう。同大学構内には彼の設計した陳列館や黒田記念館がいまも残る。かつての都美術館もそう。歌舞伎座からニコライ堂修復までも手がけ、とりわけ代表作として高名な、馬場先門の現・明治生命館の完成を待たずして四十代の若さで逝去。

建築関係の資料ではたいてい、この建物は浅草寺岐院集合住宅と記され、一階は家族の住まい、二階は仏間と客間、と説明されている。どのように集合住宅であるかがいまいちわからない。で、支院のひとつ実相院前住職の吉川真行さんを訪ねて教えていただいた。岐院は支院と表記したほうがよいと教示してくださっ

前ページ・支院住宅への入口。折れ曲がる路地と、軸線を微妙にズラした各戸の配置は日照の恵みを最大限得るための工夫。

1階庇と2階パラペットを引き締める本瓦の水平ライン。

たのも吉川さんである。

現在のかたちを知るためには大急ぎで歴史をさかのぼらなければならないが、明治期の太政官令で浅草寺境内は国にとりあげられ、浅草公園という名になってしまった。現在の仲見世通りにあたるところに左右にならんでいた支院（江戸切絵図などにそれは確認できる）はあちこちに散ってしまう。そして支院の門前を借りたかたちで並んでいた店舗群のほうが逆に棟瓦造で定着する。関東大震災後に二十一支院が現在地にまとめられて再建。仲見世も鉄筋コンクリート造になる。つまるところ、太政官令ひとつで本来の浅草寺境内の構成は一変した、とも受け取れる。

支院は全部で二十四。吉川さんの言葉を借りればブランチ。金龍山浅草寺というヘッドオフィスの実務的経営はブランチの住職があたるが、それぞれの支院は宗教法人で、だからここの二十一軒は、本来は寺なのである。二階の仏間は本堂、それを住宅支院というかたちにしたわけで、集合住宅といっても私たちが理解するそれとは違う。

実相院内、前住職・吉川真行氏の部屋。

それにしても本堂をわざわざ二階に上げたのはどうして、という愚問にたいして「仏様の頭を踏んじゃいけない」。いい歳して迂闊でした。「仏壇仏具の店はそうもいってられない。だから稲荷町の五雲堂の看板をごらんなさい。雲の字を上下逆さにしている」

竣工時は二階だったのが、いまはほとんど例外なく、その上に勾配屋根、鉄骨造の三階をのせている。家族も増えたし、陸屋根の雨漏り対策としても有効だからというが、二階の仏様の頭上にあたる部分は空けてあるそうだ。

路地の門は、かつては暮六《くれむつ》（午後六時ごろ）に閉め、明六《あけむつ》（午前六時ごろ）に開けていた。いまはよそ者でも一応は通り抜け自由だが、私的密度感が濃いので他人の庭に入りこむような気おくれを感じる。各戸の玄関は、庇は同じ緑の瓦で縁取られているのが多いが、形全体はそれぞれ違う。完成当時からそうだった。さらに、規格的な集合住宅とはいえないポイントは、配置の大枠は決まってはいたものの、各戸の間取りが建て主側の注文によって違っていたところにある。プレタポルテなのである。

だから各戸の改築や補修はそれぞれで、共有部分は本寺のほうでまかなう。瓦などは竣工当時のままに変えていないから大変だ。「メンテナンスはシンモンにまかせているけれど、同じ瓦を特注して焼かせたり」。シンモンって？　「新門辰五郎の。いまは七代目だけど」。本や碑文のなかだけにあった歴史がいきなり目の前にあらわれた。やはり、ここは金龍山浅草寺の内だ。

この一画を完全に閉め切る「大木戸」のおかげで、戦火が本堂をはじめ周辺一帯を焼き尽くしたなかで生き残った。吉川さんは学童疎開していたが、残っていたご両親は手まわしよく防火用水を用意していて、火の熱気が迫ると構わず階段の上から水を流した。だがあっという間に干上がったという。火の気がないところでも、熱した空気が髪をこがした。それでも建物が大丈夫だったのは鉄筋コンクリートの威力である。

吉川さんにあれこれ訊いているときにちょっと顔を出された母堂の幸江さんによると、この建物は工事中にも、鉄筋コンクリートの現場なんて滅多になかった

3階を増築した支院の一例。

当時だから見物に寄ってくる人が多かった。「みんな言ってました、坊主アパートって」。アハハ。公園地区内ということで高さは二階まで。それでは狭いと地下室をつくった家もあったが、湿地帯なので水はけはあまりよくなかったとか。

　将来の増改築や建て替えをいっさい考えずに気合を入れて打設したコンクリートなので、あとになって壁に窓ひとつ開けようとしても歯が立たない。工事屋がまいってしまったという。天井の漆喰にもひび割れが見えず、木部も狂いがない。見るからに上等の材を使っていて、「引戸の敷居なんか、長年のあいだにすり減り、ついにはなくなってしまった、ということは最後までまったく歪みがなかったんだね」。

　岡田信一郎にとっても野心的な仕事だったにちがいない。岡田に設計を依頼することになった経緯は不明だが、ここの住職のなかに芸大で日本画を教えていた人がいたから、その関係かもしれないと吉川さんはいう。「住職というのはみんなけっこう多才でね。だいたいヘンな商売を副業にできない。坊さんのくせになんていわれないようにね」。そういう吉川さんも、若いころはゴルフやボーリング、車は国際A級ライセンスをもち、カメラは撮るのも修理もプロ級。その証拠品が部屋内をたいへんな密度で埋めつくしている。数え切れないほどのライカの整列には呆然とするばかり。「ぼくはコレクターじゃないよ、ここにあるカメラはすべて使っているから」。新旧のオーディオ装置からパソコンまで、浅草寺という本社に日々顔を出すかたわらの多角的精力的な活動の現在を語っている。「さて、本社を案内しましょうか」。

二〇〇〇年八月

月島長屋

桃郷庵
井上明久

生まれてはじめて、ひとりで外泊をしたのは、隅田川に面した二階家である。幼稚園に行くようになってからかそれ以前か、よく覚えていない。その家の住所も、東京に戻ってきたあと、ここはと思うところを歩きまわったのだけれど、結局は確定できない。夜の狭い階段を上がっていく一瞬と、二階の部屋で出された、火で炙ると大きくふくらむ小判形の餅菓子だけが記憶に残っている。

そこは、あぐり先生の住まいだった。姉や同年輩の女の子たちに日本舞踊を教えに、下北沢の私たちの家にときおり来られていた。みんなが振りをつけてもらっている座敷に突然幼い弟が乱入して、姉たちの顰蹙を買うのがしょっちゅうのことだった。このころの記憶といえば、度を超した悪戯ばかりである。本人にもまったく理解できない。そのくせ、なぜひとりで先生に連れられて隅田川のほとりの家に行ったのか、それもいまとなっては謎である。

朝、その二階は、隅田川を広く遠くまで見下ろす窓になっていた。私が川面を眺めていた時間は、何時間も何日も続いているようにしか覚えていない。子どもにとって見飽きなかったのは、浚渫船の作業風景である。日がな一日シャベルは川底をすくっている。その脇を大小の舟が行き来している。窓に身を寄せたまま、これほど広い天地のなかにいることははじめてで、だからそこの時間に終わりが来ないのだろう。記憶のなかの私は下北沢に帰ることなく悪戯小僧に戻ることなく、いつまでも明るい広がりを呼吸している。

地下鉄が渋谷まで開通して、山の手の人間が気軽に浅草まで出てこられるようになった時期である。下北沢はもちろん、渋谷にも新宿にもない「大都会」がそこにはあった。いくつもの映画・演劇館が道の左右にずらっと並んでいる（地下の映画館で漫画映画を見た記憶がある）。立錐の余地もないほど六区に集まってくる人々の群れ、帽子屋や果物店やブロマイド店の、おしゃれなショーケースや鏡張りの内装、店先を覆い尽くす写真や絵葉書（そこで戦闘機と軍艦の絵葉書を買ってもらったことがある）。隅田川の遠くまで終わりのない光と結びついた都市の大きさと密度に、郊外

前ページ・月島２丁目、「桃郷庵」玄関。

「桃郷庵」玄関から望んだ長屋1階の部屋配置。

電車沿線という田舎から来た私は息をつまらせ、また深呼吸した。窓の真下に川波が寄せていたあぐり先生の部屋はそこからほど近かったにちがいない。

ずっと後になって佃島（現・佃一丁目）によく行くようになるのは、幼児の空間体験の奥行きを確かめたいという気持ちがあったのかもしれない。友人を誘うときはフランク・ロイド・ライトの旧帝国ホテルのロビーで落ち合い、日比谷から海をめざして歩いた。そういう手続きを必要とする自分なりの地理感覚があったのだろう。明石河岸側の佃の渡しに立つと、対岸に連なる屋根の急勾配のシルエットが、恐ろしいほどに古く強く感じられた。時代の変化なんかに関わらなかった屋根。蒸気船に曳かれて、その世界に足を踏み入れた嘘の時間の人間は、日溜まりに集まっている冬はどてら姿の老人たちの横を、身の置きどころがないみたいな気持ちで通り過ぎる。そこに根を下ろしている生活と眼を合わすことができない。せいぜい二、三十年前のことだが、いまとなってはその気配すら、復元しようがない。

玄関脇の部屋からのぞく路地。
左ページ・路地風景。

十七世紀に摂津佃村の漁夫三十四人が家康に供されて現在の地を賜り、定住したのが始まりという。江戸名所図会にある「都下を去る事咫尺《しせき》なれども、離島にして漁人の住家のみ心得顔なり」の気分が残っていたわけだが、佃大橋が架かり、渡しが消えた昭和三十九年（一九六四）以降は、屋根の魔力も薄れた。

隅田川と堀川によって現在も原型が残っているこの一画をいわば球根として、南東に新佃島（現・佃二、三丁目）、南西に月島、勝どきの埋立地が十九世紀末から二十世紀初頭にかけて延び広がる。自然とこちらのほうにも足が向くわけだが、原・佃と埋立地とを歩く気分には独特の連続と変換がある。

どちらも、自動車が入れない路地と、木造二階を主体とした住居である。ただ、このふたつの地区は同じ下町でも微妙に違う。佃島の家ひとつひとつは屋内と外とその境界がはっきり見えている。屋根の存在も個々に意識される。そんな気がする。それにたいして新佃島や月島の路地は各住戸の入口と二階の張り出しにすっぽりと包まれて、内と外という関係が曖昧になってしまう。家一軒一軒という印象も失われる。長屋造りだから当然ともいえるが、内部化した路地は建物を消してしまうのだ。

全体は整然とグリッド状に道が通る。そこに同じスケールとプロポーションの街区が並ぶ。一ブロックの長辺はほぼ一一〇メートル、短辺五〇メートルの長方形。これを住戸だけで埋めるとすれば、短辺方向に六本の路地を通し、両端は一列、あとは路地と路地の間に背中合わせに長屋を二列ずつ配する。これで百五十戸前後が一街区となる。同じブロックの半分あるいは三分の二ほどを使って幼稚園や事務所を割り込ませたり、一ブロック全部を小学校にあてる、というようなかたちで住戸と公共建築、店舗その他が構成される。

戦後の住宅団地の住棟配置などと比べても、こちらのほうがはるかにリジッドで稠密である。なのに、たとえば清澄通りに面して並んでいる看板建築の脇を一歩入った月島二丁目あたりの、一直線の路地の光景は、迷路的に折れ曲がる小路がかもし出している懐かしさとは別の、近代的な骨格を保ちつつ、ずっと深いところで切実な記憶と結びついていく気配がある。それはここ一帯の路地を例外なく埋めつくしている植木鉢や立木を欠いては成り立たない作用でもあるのだろう。郊外住宅地のランドスケープの基礎だった生垣では、この雰囲気は壊れてしまう。

平坦な埋立地、直線直角の道と路地、均一の街区、木造二階の長屋、植木鉢、これらは人間的環境をめざすという現代の計画手法がむしろ回避してきた、あるいは採り入れようのない要素である。つまりどちらかといえば非情なほどの配置計画と、そこに住み着くための歳月とが合わさったとき、人が集まって住む光景の本来性が現出する。しかもそれは川や海に開かれた場所にのみ可能なかたちなのかもしれない。

などといっても、しょせんは散策者の感想にすぎない。一時的にでもそこに住み、生活者の内側からここの歴史を再構築し、また現在が語られなければ公正を欠くが、その点は大丈夫、四方田犬彦さんの『月島物語』（一九九二年、集英社）がある。いいかえればこの名著があるために、この界隈のことは書きづらい。

四方田さんがかつて住んでいた月島二丁目の長屋は、現在は作家の井上明久さん、画家の藪野健さんなどの四人が引き継いで借りている。そこにちょっとお邪魔した。といっても二階の一部屋でぼうっと夏の盛りを味わうのに満足して、取材にならない。幽やかな風、音、匂いが一軒という境界を消して町一体を包んでいる。藪野さんの下駄を借りて新佃島の堤防まで行ったが、夏の時間はそこまでもぶあつく流れている。

この環境をどう維持できるのか、井上さんたちはその思いをなんとか具体化しようとしている。一軒ずつでは成り立たない町。豆腐屋や湯屋ひとつが消えても全体が激変する。清澄通りに面した隣りの街区はまるごと更地となり、地上三十八階の高層ビルを含む市街地再開発事業の工事が始まっている。佃に隣り合う「大川端リバーサイド21」と同じになるのだろう。でもどうしても木造長屋の都市性にはかなわないような気がする。川の気配に包まれて呼吸する細胞群。地図で見ると月のかたちに似ているという月島は、肺組織のかたちにも見える。

二〇〇〇年十一月

谷中四軒長屋

谷中を歩きたい。そういう気分になった日は、たとえばJRで日暮里に行くだろう。駅を降りればまちの奥へと誘うゆるやかな御殿坂をいつのまにか歩き始めているだろう。ほどよいところで少し狭い道を左に折れてみたくなる。朝倉彫塑館などへの道案内があるし、それをめざしていけば、むかしながらの構えでいながらじつに掃除が行きとどいている鉽《ブリキ》力店や古い蔵をうまく活かしたギャラリーや、かと思うと細い路地の奥に場違いなアメリカ西海岸風？のタウンハウスが顔を出していたり、ゆくてはますます楽しい迷路状になってくる。買いものなどにあまり気をとられず、そんな具合に散策を続ければ、いつかはこの四軒長屋が並ぶ「はっさい先生路地」に出るだろう。

この路地の命名者は、森まゆみさんをリーダーとした上野・谷根千研究会による。ほかにも雰囲気路地、カーペット路地、まさか路地、路地裏会の路地などと、おもしろい名をつけてまわりながら、谷中の大切な風景を見守ってきた。ここはNHK朝の連続ドラマ「はっさい先生」のロケ地になったのが命名の由来。こういう名前のつけ方って、若い人ならではという感じがするかもしれないが、江戸の街路名称が人名や職名、形状や植生、眺めや伝説などに由来するものが多かったことを考えると、現在、行政による街区方式の採用が場所の個性を奪いつづけてきた動きにたいする、江戸的感性からの反撃であるといってもいい。

そのためか、いまでもこのあたりの風景を拝借したいと申し込んでくるロケ隊や取材班は月に一度、勝手にレフ板を光らせながら撮影をしたりしているのは週に一度くらいもあるらしい。ドラマやドキュメントの番組で、画面が急にセピア調になり、だれそれの幼年期を演出する「再現もの」にもってこいだし、月光仮面を襲う悪人どもが出没するにも格好の舞台になる。

というのも、この四軒長屋が面している十字路が微妙にズレて組み合わさっており、路地のひとつは表通りに出るところでは一メートルそこそこの、家と家との隙間のような幅にそばめられているから、通り抜けがスムーズでありながら、アイストップが多い。だから路地の交叉部はむしろ小広場といってもいいくらい。

前ページ・「谷中西庵」玄関先の豊かな空間。
左手に土間、玄関間、右手に坪庭と２畳の「サンルーム」。

四軒と背中合わせのかたちで、表通りにクリーニング店を構えている大家の門田一彦さんは、以前は子どもが多かったから、この路地は遊びまわる子どもたちであふれていたと言う。十字路の一角に西光寺の墓所。ブロック塀が敷地を囲ったりしてなかったころ、門田少年や仲間たちは境内や墓地のなかを、最短距離をとりながら横切って抜け、北は省線の線路際まで昆虫採りに、南は不忍池に釣りに行ったりしていた。

「はっさい先生路地」前の四軒長屋。

四軒のうちでいちばん新参の店子だが、小広場に面したいちばんいい住戸を借りている地域プランナーの西河哲也さんに話をきく。

「外観のたたずまいも、また構造的にも棟が通っている点ではたしかに長屋ではあるけど、熊さん八つぁんの長屋と同じではないんです。水道、電気、そしてガラス戸などの近代設備や新素材を前提とした和風の連続住宅といったほうがいいんですよ」

明治期までの長屋は間口二間、玄関と台所が路地に面していた。これに二階が載り、間口が多少拡げられてもその基本構成は大正中期まで変わらず、震災後はじめて台所が居室の背後にまわる。このために住居内での完結性が高まり、家の内部と、外部つまり路地への依存度がほどよい関係になったというのが、西河さんの視点である。

その解釈にのっとれば、タイトルは「四軒長屋」ではなく「近代和風タウンハウス」とでもいったほうが

上・壁のなかに残らず収納できる２階の窓。
下・２階６畳の部屋。左下に大きな掃き出しがある。
左ページ・「谷中西庵」外観。

痛トール
3-3

ふさわしい。しかも昨今のタウンハウスよりはるかに優れものである。

二階の屋根は棟が四軒を通っていることをそのまま見せているが、玄関部分だけは妻入り状に突き出て、屋根破風と、板塀で目隠しした坪庭が各戸ともセットになっている。中廊下などを使わずに自分の住戸に直接入れるかたちである。玄関土間から上がったところに一畳の玄関間、その脇の二畳の、坪庭と一体になったサンルーム（と西河さんは呼んでいる）、その奥に六畳間、さらに奥に台所。西河さんの住戸だけは側面も路地に面しているので勝手口がつく。その勝手口から入ると奥に、便所と階段。

玄関まわりの具合よさについても、西河さんの説明をそのまま受け売りする。玄関の格子戸はあって当然だが、土間と玄関間、玄関間と六畳のあいだにもそれぞれ引き違いの建具が入っている。そして坪庭とサンルーム、サンルームと六畳のあいだにも引き戸がある。「夏は玄関に簾を吊るから、四重のスクリーンになる。建具を右に寄せたり左に寄せたりするだけで、外に視線が通ったり、あるいは視線をさえぎって風だけを通すといった使い分けができるんです」。もちろん六畳の私的領域を守りながら、応接の場をせばめたり拡げたりすることも自由自在なのだ。

サンルームは畳敷きだから仏間とも隠居部屋ともいえそうだが、建具をたてて一畳きりの部屋に坐すと、身体の向きを変えるだけで空間が微妙に動く。つまり茶室にもなるわけで、ここで坪庭と板塀ごしの外の気配を感じているだけの幸福感はなんともいえない。

これほど豊かな、ということは住まいの内側と外部空間とのバランスが幾段階にも確保されているということだが、とくに玄関まわりはいまどきの邸宅でも及びもつかない。庭や建物をいくら立派にしても路地を欠いているからだ。

二階も広い。ここでも驚かされたのは、すべての窓の建具が完全に壁のなかに引き込まれてしまう。近代数奇屋の大家である吉田五十八あるいは、現代住宅のベーシックスタイルを確立したといえる吉村順三などがよく使った手法で、雨戸も網戸もガラス戸も障子も残らず壁内に収納して部屋を開け放つ、あれの基本をやっているのだ。

隣家と共有する壁には当然、どんな小さな開口部もとれないから、かわりに家の表と裏をできるかぎり開けようとしたのだろうと、西河さんは言う。つまり箱というより、筒形ユニットを連続させているようなもので、最近の集合住宅でプレファブのコンクリート・ユニットを積み重ねたりしているのと同じである。

長屋形式だからこそ、こうした近代化と簡潔で効果的なスタイルが実現できたにちがいない。一、二階あわせておよそ五〇平方メートル、現代の一般世帯でも十分の広さ。大家の門田さんの話では、父金之助氏がこの長屋を建てたのは昭和六年（一九三一）ごろで、ちょうど門田さんが生まれたころらしい。当時のクリーニング店といえば時代の先端をいく業種で、洗濯代自体がけっこう高かったから家作をもつだけの力があったのだろう。建てた棟梁の二代目がいまもおりにつけ手を入れている。外から見た目にはほとんど変わっていないが、住戸に入ればアルミサッシュ、フローリングの床、クロス張りの壁、浴室も加えるといった新しいインテリアに一変したところもあるという。

しかし店子はほとんど動かず、西河さんが借りている住戸は、彼で三代目。隣りは二代目、いちばん奥の住戸に入った家族は当初から六十年以上経った現在までそのまま住んでいる。

西河さんも入居するにあたっては、門田さんから思い切った改装をしたらどうかと打診があった。西河さんはむしろ復元の方向を選んだ。風呂も新設しなかったので、それまで住んでいたやはり谷中の螢坂の鉄賃アパートより面積は倍増したが、銭湯通いが始まる。彼は「地域に学んだものを地域に返す」ことを活動の主眼とする「谷中学校」の運営メンバーでもあるわけで、この復元には主張がこもっている。

私にとっては三十年余、この路地を通るたびに抱いていたたんなる懐旧のイメージが、内部を拝見し門田さんや西河さんの話をきく一時間の取材で百八十度変わった。そこでの暮らしの現在から建物が見えた。はじめて谷中というまちが見えた。

一九九九年五月

本郷
鳳明館

本郷弥生町の下宿・真正館がついに廃業することになったという記事を新聞で読んだ。翌日の夕方に現地を訪ねたら、玄関先に壊れかけた箱や古い傘などの、たぶん処分するものをとりあえず置いてあるといった感じで、すでに主な家財道具は運び出された様子が、屋内を見なくても歴然としている。そういう時期が来たときのあきらめきった、もうただの建物そのもの、いや消えていく建物の姿になっている。後始末している人に訊くと、解体工事が明日から始まるという。茫然と見ている前で、その人は古い木の表看板をはずし、静かにほこりを払った。

当時の本郷区（現・文京区）の東部はほとんどが戦災で焼失したが、東大正門を中心として半径六〇〇メートルほどで円を描いた部分は火をまぬがれている。その東半分が東京大学キャンパスで、その裏手、つまり焼け残った円の縁に息をひそめているような弥生町は、真正館のほかにわずかに残るしもた屋や洋館が、戦前の様子をかろうじて伝えているだけになった。

ついでに西半分、つまり本郷通りをへだてて正面から東京大学の町機能を引き受けている、旧森川町、駒込東片町・西片町、菊坂町、台町の、次第に暗くなっていく一帯を歩きまわった。こちらは家一軒一軒が残っているというより、一大下宿群棲地だったおもかげが地域全体にいまも色濃い。もっとも生態系に変化が生じている。下宿はアパートや旅館に、あるいはホテルやマンションに転身をとげつつあるからだ。

日を改めて、そのあたりの事情を、なかでもとりわけ懐かしい環境を守っている鳳明館の社長、小池良夫さんにうかがいに行った。

鳳明館は本郷五丁目に本館、その向かいに台町別館、少し離れて本郷通り寄りに森川別館がある。三館ともいまは旅館になっているが、創設期は下宿だった。良夫さんの父上、英夫さんが岐阜から上京して本郷真砂町の下宿、朝盛館を購入したのが大正十二年（一九二三）。現在の鳳明館の基礎である。

本郷の下宿創設者の八割近くが岐阜の出身だという。英夫さんの母堂の四兄弟も明治後期に上京して四棟の下宿屋を開業する。そのなかには木造三階建ての王者

前ページ・本館２階、「末広」の間。

台町別館玄関。右手通りをはさんで本館がある。

ともいうべき本郷館（鳳明館森川別館の真向かいに現存）もあった。また瀬戸内晴美の『鬼の栖』の舞台となった菊坂の高級旅館下宿、菊富士ホテル（明治四十＝一九〇七年ごろ創建、大正三＝一九一四年新館増築、昭和二十＝一九四五年戦災で焼失）を開業した羽田幸之助夫妻も岐阜の人である。

良夫さんは昭和二年（一九二七）、真砂町朝盛館で生まれ育つ。昭和十一年（一九三六）、朝盛館を引き払い、すぐ坂上の鳳明館が購入される。その前所有者も岐阜出身。つまり県人会のつながりでの相互扶助が長く続いている。そのためかこの一帯のある濃厚な雰囲気は、とりわけ東京らしい面影を残しながら、東京から遠い地方の圧縮された風景のようにも感じられる。

購入に二万円、修理に二万円かかった。四十七室。下宿屋としては大きい部類である。夏休みの時期には一部の部屋を旅館として活用もしていた。「円泊」という言葉を良夫さんは覚えている。一泊二食つき一円。当時の八重洲や神田の一流旅館が五円だったから、富山の行商人や大学の長期研究生などがよく利用した。

東京土産
の売店

上・本館２階「えびす」の間。
下・同階「弥生」の間。ここに
学生時代、重光葵が下宿していた。
右ページ・本館ロビーの売店コーナー。
かつては中庭だった？

下宿人と長期滞在の宿泊客が一緒に生活していた。

昭和二十年（一九四五）三月に、空襲を予測して建物の強制疎開があり、鳳明館の前から本郷通りまで鉤の手に、けっこう広い空地がつくられた。その直後に空襲、本郷三丁目方面から延びてきた火は鳳明館の外壁をこがしたところで阻まれ、坂下のほうまで町は無事だった。火除け地が効いたのである。

戦後も下宿として続けられていたが、やがて純旅館に衣替えする。学生たちが組合をつくって経営管理に乗り出し、下宿代の値下げ交渉が始まったので、それをかわす必要があったのと、この一帯は旅館の需要が飛躍的に高まり、焼け残った旅館群ではまかないきれなくなったからである。新生鳳明館はまず山口県庁の指定旅館になる。次いで上京列車の席を優先できた靖国遺族会、そして農協、さらには修学旅行の中学生たちがやってくる。目の前の疎開地跡とそれに続く敷地を購入して台町別館、引き続いて森川町にも別館をつくり始めた昭和二十年代後半は、上京ラッシュが上昇線をたどり、団体客用旅館が急遽必要となった時期だった。昭和二十四年（一九四九）には初代の英夫さんが隠居し、良夫さんがあとを継いでいた。

この転換期にはまず本館の改修に手をつけた。旅館となれば最低八畳から十畳間に床の間つきの部屋でなければ格好がつかない。下宿時代の二部屋か三部屋、あるいは四部屋ぶんの壁を抜いて客室その他に改装する工事が続く。次いでふたつの別館工事がはじまるが、これも延々と続いてなかなか終わらない。というのも英夫さんが途方もない普請道楽だったのである。

終戦直後は銘木市がさかんだったらしい。英夫さんは建物を建てる前からこれはと思う銘木を買いつけてくる。その床柱や天井板にふさわしい部屋を棟梁と相談しながら順々につくっていく。つまりまず銘木があり、そこから部屋が生まれる。部屋とそれを結ぶ通路が年々歳々成長して全体が形づくられていく。だから年がら年じゅう大工や職人が入っている。良夫さんもその仕事ぶりを眺めて、自然に建築の知識が身についた。もっともしょっちゅう様変わりしているから、家族の居場所も、広い建物のなかで、あっちの部屋こっちの部屋と、転々と移り変わる。

まず全体計画から始める近代建築とは逆のプロセスをたどった建物は、庭や路地を自然に取り込み、迷路状の通路が各部屋の落ちつきを守る配置、そして行き届いたサービスを可能にする。旅館ならではの生成過程である。しかし台町、森川別館ともに、最終段階では鉄筋コンクリート棟を増築して締めくくっている。初代英夫さんのどんぶり勘定時代から脱皮して見積もりをとったのも、この工事のときがはじめて。東京オリンピックの前年でもあった。

関東大震災の年にスタートした小池さん一族の下宿経営は、戦争をはさんでの四十年間、時代を先取りする、といえば格好いいがむしろ時勢に応じてやりくりするように建物を変貌させてきた。そして以降、今日までの三十五年間は建物や庭のたたずまいはほぼそのままに、ソフトによる積極的な戦略によって新しい時代への適応をはかってきている。

むかしながらの旅館をわざわざ選ぶ、修学旅行の目的をそのようにわきまえた学校は年ごとに減少している。受験生も以前は相部屋で三、四人があたりまえで、青森からの子と鹿児島の子が一緒に泊まり、一緒に東京大学を受けた。いまはひとり一部屋、ついてきた両親はまた別の部屋。人の心が急激に変わってきたその結果の過疎化にたいして、贅をつくした客室や庭を会食の場に活かしたり、最寄りの地下鉄駅まで客を迎えに行ったり、きめこまかい心づかいをアピールしている。海外のファンも口コミやインターネットで増えてきた。いまでは古い木造旅館の価値を、日本人以上に理解している人たちなのかもしれない。

本館分館の間取りを見ると、客室にまじって「自家用」と記された部屋が点在している。条件の劣る「死に部屋」に従業員が分散居住しているのだ。客に病人が出たり、万一の失火などに備えての対処にもなる。現代のビルディング・タイプには収まらない施設だからこそ、時代の状況に柔軟でありつづけてきた。

和室というよりは、野生の前衛華道のように奔放につくられた部屋部屋と庭、親しげな玄関から道へ、本郷旧下宿街はいまも一体である。

一九九九年九月

神田神保町
奥野書店

奥野書店
横断禁止

神田神保町の四辻に、地下鉄駅から上がってきて、町並みを見上げながら歩き始めたとたんに、長い眠りから叩き起こされたような気分になった。

もちろんこの界隈にはしょっちゅうといっていいくらい、学生のころから現在まで足を運んでいる。おたがいに背比べしているペンシルビル群をながめて、この古書店街も変わってしまったなと、そのつど感じている。

ところが一方で、店舗の上部つまり二階から屋根裏階にかけて、モルタル仕上げや銅版張りのファサードが続く、いわゆる看板建築の連なりが、いまでも神保町古書店街なのだという先入観を、どうしても捨て切れなかったのである。

つまり私は、この何十年ものあいだ、幻影の町を歩いていたのだ。一応は建築専門領域の人間でありながら、街の現在を見る眼をまるでもっていない。今回、そのファサードの一部がかろうじて残る店舗併用住宅を取材するという現実に直面してはじめて、見慣れた街をほんとうに見ることになった。

神保町四辻から靖国通りを東、駿河台下方面に向かうと、その建物はすぐにあった。関東大震災から二年ほど後、焼け野原のあとに、それぞれ間口二間足らずとはいえ赤い屋根、クリーム色の壁のモダンな十一軒長屋が出現した、その現在の姿である。長い梁が通っている桁行方向に、銅板の屋根が連続して葺き下ろされている。しかし各戸の屋根裏にひとつずつ円形の屋根窓（ドーマー・ウィンドウ）が開けられ、同時にそれはファサードの頂部として円いままに立ち上がっているために、破風のように各戸の正面性を強く印象づけている。ピカソの絵じゃないけれど、横顔を見せながら眼は正面を向いている。全体の連続と各戸の独立を同時に叶えた設計が、たしかな町並みとしての建築になっている。私を神保町幻想に長くひたらせていたのは、この記憶作用にちがいない。

けれど現在もこの当時の姿をとどめているのは、向かって右四軒分と左から三軒目だけで、左端の小宮山書店はビルになり、ちょうど真ん中の一軒はまるごと取り壊されてその奥にあるビルへのアーケード状の通

前ページ・靖国通り沿い、11軒続きだった
長屋右端の４軒。うち左２軒分が奥野書店。

路に変えられている。残る店も二階から屋根にかけて、粉屋の驢馬の目隠しみたいにすっぽりと、新しい壁におおわれてしまっている。

原型の残る右四軒は、建てられた当初から二戸一、つまりツー・スパンを一軒分の店舗、上階は住居としてつくられていた。だから正確には九軒の、店舗併用看板建築風木造長屋形式住宅だった。このあたりからの話は、往時の面影をもっともよくとどめている奥野

書店店内（上）と外観（下）。

書店の、奥野芳基さんにうかがったものである。震災後の焼け野原に地主がこのような家作を建てた例は、神保町ではほかに例がなかったらしい。だからデザインも新奇な連続建築の偉容は抜きん出ていた。

芳基さんは昭和十年（一九三五）、ここで生まれた。三代目である。初代は明治三十八年（一九〇五）ごろ、まず二丁目のほうに店を開いた。すでに二、三十軒の古書店があったという。いくつもの大学が集中していた地域であり、学生がまだ本を読んでいた時代である。

震災後に現在の場所に移ってきたわけだが、芳基さんは物心ついたときから、もう本に囲まれていた。文学者やその作品についての知識は学校で教わる程度をうわまわっていたのは当然である。住み込みの店員や手伝いも四、五人。彼らが寝起きする屋根裏部屋にいつも遊びにいっていた。円窓は中心を通る回転軸があって水平に開く。そこから危なっかしく身をのりだしたり、二階の物干しから屋根にのぼって端から端まで伝っていったりしては親に叱られた。二階は四部屋の住まい。この階の窓も鉄枠で、一部がやはり水平に開

1階店内奥の階段にも
2階の廊下にも（左ページ）古書の山。

く方式だった。円や四角の窓は、いまみたいにただの開口部ではなく、このころの街ではそれがまさに記号としての窓でもあることで新しい驚きを見る者に呼びさましたのである。だから見附けの細い鉄枠と水平開きでなければならなかったのだ。

書籍を陽光から避けるために北側に開いた店舗（この古書店街全体が多くそうなっている）の裏手に、浴室、台所、茶の間が南面し、そこにアクセスする生活路地が通っていた。茶の間では家族も「若い衆」たちもずらっと並んで食事していた。二階はセットバックして南向きのヴェランダと物干しが確保される。子どものころはここからも両隣りへ、またもっと先の家にまで遊びにいっていた。その上に屋根裏階が横並びにそびえている。当時はほかに高い建物がなかったから、天気のいい日は皇居も両国の花火も見えた。車なんて走ってなかったすずらん通りや路地で思うさま遊び、近くには映画館がいくらでも。芳基さんと私は同年同月生まれだが、こちらは郊外住宅地のサラリーマン家庭。それとは天と地ほどのへだたりがある神保町の都市暮らしである。

しかも焼夷弾で下北沢の私の家は焼失したが、この一画や淡路町、駿河台あたりはエアポケットのように戦火を免れている。アメリカ側の配慮があったという。つまり文化の街とみなされていたのである。

集団疎開には行った。終戦の年の三月十日の大空襲で、両国橋が屍体の山になっていたのを見て親も覚悟を決めたらしい。貴重な書籍もみんな疎開した。五ヵ月後に終戦となり、芳基さんの疎開は短期間に終わった。ついでにいえば集団疎開、つまり学童集団疎開は、前年八月四日に板橋・練馬・品川区の七国民学校が群馬県および都下西多摩郡に第一陣の生徒を送り出し、翌年八月十五日（終戦のその日！）に山形市の二国民学校生徒が同県高擶《たかだま》村に出発するまで続く。

芳基さんは九月には神保町に戻ってきた。

戦後は、「リーダース・ダイジェスト」の邦訳版が出るときは、すずらん通りの冨山房を十重二十重に、神田日活で「ターザン」が封切られるときはまた十重二十重に人の列がとりまく日々になる。「とにかく弁当持参で洋画を見にいってたからね。『商船テナシティー』とか『美女と野獣』とか」。欧米文化の流入口のきわにずっといた人なのである。

建物と土地は、戦後、地主から各戸に分譲された。しかし構造が一体になっているために、各自勝手にビルに建て替えるわけにはいかない。前にふれた左端の一戸で通し梁を切断したときに問題があったようで、その後は、中央の一戸を取り壊したときでも梁だけは切らずに残した。「だからここだけはむかしどおり。二階から上をふさいでいる家も、壁を外せば円窓はそのままのはずですよ」

ただ消防署からの通達で屋根裏階は居住できず物置に、また二階の窓もそのままでは脱出口として認められないので引き違いのサッシュに替えられている。だいたいほとんどの店舗が本という超重量級の同居人を抱えているから、構造体は悲鳴をあげている。

二軒分の間口の奥野書店の店内は広い。といっても書棚が林立しているから、広いというより密実である。しかも整然として、土間にはめだたぬ程度に水が打ってある。奥のレジまわりまで進むと、どこの古書店でもこれは同じだが、さらに本の密度が高くなり、客は手を出せない平積みの山また山になる。奥野さんが「この先は太ったひとは入れない」と笑う本の隙間を、身体を横にして伝っていくと、突きあたりの左手に階段、右手に便所、そしてレジの真後ろにあたるあたりに茶の間や台所が、本の地底を掘りぬいたように垣間見える。「住」の場である。そこにも隙あらばとばかりに本が押し寄せているので、茶の間が憩いのひとときを静かに守っている様子は、洋服箪笥のなかをくぐり抜けた先にある、C・S・ルイスの物語るナルニア国みたいにもみえる。

三崎町の箱入り娘だった夫人は慣れない仕事を手伝い、ふたりの子どもを育てた。ふたりとも巣立ってまた水入らずの生活に戻ったいま、本だけが、必要とする人が訪れるまでの長い長い眠りのなかにある。最近はまた増えて神田で百四十軒という古書店街全体の、途方もない数の本が眠っている様子まで見えてくるような夢に、私はふたたび誘われた。

二〇〇〇年二月

九段下ビル

靖国通り親交会ご案内

九段下という場所は東京のなかでも特別な感じがあって、靖国神社のほうを見上げると空がどこよりも広く、回れ右して俎橋《まないたばし》をわたるととたんに新旧無数のビルが重なりあうように現れる。神田神保町に入っていくのだという気持ちに切りかわる。そのいわば踏切の地点に、この九段下ビルはある。

靖国通りに面して、三階建て、全長およそ六〇メートルの長い壁。近づくとスクラッチタイルにアールデコふうの装飾で味つけされている。だがそれ以上に印象的なのは、ファサードの最上部、パラペットに大書きされた「中根式速記」の文字だ。簿記学校などの看板がめだつこの界隈にはぴったりだと、以前からそんなふうに眺めていた。

昭和二年（一九二七）竣工。つまり神田一帯に群生していた、藤森照信さんがいうところの「看板建築」と同じ時期、関東大震災復興期に建てられているが、木造二階建てにマンサード屋根階を足した「看板」と違って、九段下ビルはまるごと三階の本格建築である。通りに面した長いファサードや装飾は清澄庭園沿いにある旧東京市営店舗向住宅（本書三〇―三七ページ）を思い出させるところもあるが、こちらはずっとビルっぽい。集合住宅らしくないのである。

だいたい、成り立ちからして違う。これは再開発ビルなのだ。町家の不燃化をめざして創設された震災復興助成会社は、国庫負担による超低利融資と一流の建築技術陣でバックアップするからと、共同建築化を一般に呼びかけたがほとんどナシのつぶてだったらしい。そんななかで例外的に応募してきたのが、当時は今川小路という地名だったここに並んでいた町家の人々である。

外観は水平線が強調されているので整然として単調な、みたいに思えるがよく見ると、二ヵ所の階段室の位置がシンメトリカルではないし、窓の並びもまちまちだ。じつは所有権が垂直方向に分割され、自分の店の真上に住まいと貸し部屋が載っている。しかも、もとの敷地間口に比例してこのタテ割りの寸法がひとつひとつ決められているのだ。だから現在は喫茶店、煙草屋、眼鏡屋、歯科医、中華料理屋など十軒近くが並

前ページ・九段下側より望む。右手は靖国通り。

竣工時のビル外観。建築学会編『東京・横浜　復興建築図集　1923-1930』（1931年、丸善株式会社）より。

んでいるが、その間口がほぼ全部違う。二、三階は窓ひとつの大きさをとれば一律だが、三連だったり四連だったり、まとまりに大小ある。だからキカイ的に壁と開口部を反復連続したビルとは一線を画している。

むかしの地割を記録した建物なのだ。

二階は各戸それぞれに内階段で結ぶ。それとは別にある共同階段を三階まで上がると、表通りとは反対側、つまり裏手に廊下が端から端まで通っている。この階には賃貸アパートが並んでいるのだ。この家賃収入で各家主が共同建築化した建設費を返済する。そこまで考えられていた。設計は南省吾。

神田寄りの端、一階のスペースには二年前から大西信之さんとゆり夫人が住んでいる。大西さんはそれまで丸ノ内線・新高円寺駅近くのマンションに住まい兼仕事場があったのだが、結婚を機にマンションは仕事場専用に、そして新居をこの古い九段下ビルに開拓する決心をかためた。

このスペースは表通りに面して玄関ドアがある。入ると上がり框があり、左と右に一部屋ずつ、正面にも

1階居間の窓を開けるとすぐそこに靖国通りの喧騒。

う一部屋があるが、別々に事務所として使われていたらしい。いちばん奥にももうひとつ部屋がある。この部屋は表通りから入った横丁に面して出入り口があり、かつてはこれだけで独立した事務所になっていたようだ。つまりいくつかの事務所だったのが十年前から放置され、大西さんが足を踏み入れたときは瓦礫の山だったという。くもの巣と床をおおう砂と粗大ゴミとで手のつけようがなかった。そのひとつひとつを処分し、掃除をしていくと、ムクの板材を使った床やきれいな漆喰の壁が出土品のように、つまりかつての「今川小路共同建築」の素顔が現れた。

といっても、それでそっくり竣工時点に戻ったというわけではない。これまでに住んできた人々がさまざまに使い方をやりくりしてきた七十年の歳月が重ねられた表情であり、それが透けて見えてくるように、大西さんたちの新しい住まいがさらに重ねられている。

その、大西さんたちがつくり出した生活空間が舌を巻くほどうまくできているのだ。

表通りから入る三つの部屋は、居間、寝室、ピアノ

バス兼ダイニング兼キッチンの土間スペース。

室（応接サロンといってもいいだろう）に使われている。いちばん奥の、独立した入口をもつ部屋は、ここがいちばんの見どころなのだが、床は土間コンのまま。二重に張られていた天井をはがしたら四メートルもの高さの軀体だけの空間になった。ここにバスタブを裸のままに置き、その横に業務用の流しやレンジフードで厨房コーナーをつくり、かつては瓦礫のひとつだった家具をみがきあげて食器食品棚とし、真ん中に食卓を置いた。バス・ダイニング・キッチンという、ほかではちょっとお目にかかれない一室空間である。電気・水道・ガスの配管工事だけは業者に頼んだが、大西さんの目は行き届いている。すべて剥き出しの電線やパイプ、とくに高い天井から一直線に降りている長い給水管、その先端にわざと古い蛇口をつけているあたりはそれ自体がアートになっていて見あきない。いつだったか建築家の清家清さんが話していた。日本の住宅はいちばん高価な構造軀体や設備配管を、いちばん安手のベニヤ板や壁紙で隠してしまう、と。

　ついでに思い出したのだが、ニューヨークのグリニ

ッジ・ビレッジに住んでいた友人の安アパートを訪ねたら、台所の流しのすぐ横に巨大なバスタブがでんと据えられていた。あの界隈では別に変わったレイアウトではなく、流しが洗面を兼ねているアパートもごく一般的なのである。

大西さんはリトグラフ作家である。日本よりはアメリカでの評価が高く、シアトル現代美術館での展覧会では熱狂的な歓迎を受けた。そんな機会があって知り合った若い人たちの住まいは、おたがいに貧乏自慢をし合っているような自然体で、冷暖房なし、自動車ももたないのがあたりまえ。大西さんはそこから日本の住まいの現在を見る距離を得た。

もともとはこの九段下近くで生まれ育った。ここから遠くへ行きたいと、家を出てあちこちを転々とし、さらに遠いアメリカの地に親しくなったころ、帰ってきてももう揺るがない生活の形を築く自信ができたのだろう。だから九段下ビルに入ったのはたまたま選択肢のひとつをとったのではない。戻ってきたのである。瓦礫の山を切り崩し、壁を洗剤でくりかえし拭い、床にサンドペーパーをかけニス塗りをし、捨てられていた家具や道具を生き返らす。そんな気の遠くなるような時間と労力をかけて、無から住まいを発掘することだけが現実にみえた。

あるいは古い古いビルのなかから住まいを発掘したといいかえてもいい。つまり事務所を住まいとするコンヴァージョン（用途変換）の手法である。日本ではこのような例があまりにも少ないが、佐賀町の食糧ビルヂング（偶然だが同じ昭和二年竣工）の旧集会室を現代美術の活動拠点に転換した佐賀町エキジビットスペースというすぐれた先例もある。どうやら建築家よりアー

3階、若手建築家の事務所。右ページ・階段室を見上げる。

ティストのほうが、都市を調整していくために不可欠な、自発性と時間とを身につけている。

すてきなインテリアをつくりあげたあと、大西さんたちはこれを決定的な住まいにし始めている。つまりそこに本気で住むことだ。

玄関を入って左手の居間では靴を脱ぐが、ピアノ室から奥のバス・ダイニングまでは下足のままで生活している。夏暑く冬寒く、表通りの騒音も当然入ってくるが、一年我慢したらふたりとも平気になってしまった。目の前にはポスト、同じ並びには煙草屋、すぐ近くに郵便局、そして神田という巨大な書庫が控えている。背中合わせにある文久年間からの由緒ある米屋さんをはじめ、ご近所との付き合いも深まった。

七十年も経っているから、区分所有の関係はいささか複雑にはなっているようだ。しかし街のなかでふつうの暮らしを始めた、その単純明快さが、九段下ビルの新しい光源になっている。日が暮れると、三階中央部分の部屋も輝き始める。大西さんの紹介で若い建築家たちが入居したばかりである。

一九九九年七月

松岡九段ビル

建築家の内藤廣さんは、その「お化け屋敷」に、以前から目をとめていた。古く、傷んでいたからという以上に、九段坂をのぼっていくと左手に現れてくるその姿に尋常ならざる気配がまとわりついている。それに魅かれていた。

ところがある日、弦楽四重奏の夕べに誘われてイタリア文化会館に向かった内藤さんは、その手前にある例の建物がアルミパネルにすっぽりとおおわれて、なんだか味気ない姿に変わっているのに気がついた。同時に、「入居者募集」の新しい看板があった。

マドリッドの建築事務所で数年、日本に戻ってきて有名建築作家の事務所でまた数年と実務経験を重ねたのちに、いよいよ独立する決心をかためたおりもおり、この建物がいつもと違って見えた。逡巡はしたが、三階の一部屋を見せてもらったときには決めていた。

その部屋でまず自分自身の複合家族住居を設計したのを手はじめに、海の博物館（これで一九九三年度の芸術選奨文部大臣新人賞、日本建築学会賞、吉田五十八賞のトリプル受賞記録を達成）、うしぶか海彩館、安曇野ちひろ美術館、そして竣工なったばかりの牧野富太郎記念館など、気迫にみちた建築を矢継ぎ早に世に送り出してきた。

設計活動が勢いづくにつれて、借りる部屋数も、多いときは二、三、四階にまたがるほどに増えた。現在はセーブして少なめに心がけているが、いつかは出発点の三階の一部屋だけに戻すのもいいと考えている。

「建築家はね、年を取るにしたがって仕事を小さくしていかないと最後の決めができないままに終わってしまうからね」

古い建物を取得して修復し、テナントを募集し始めたころ、オーナーである松岡地所営業部は曽我幸也さんが担当していた。三階から天井を見上げると穴が抜けているほどのオンボロ状態だったという。なんとか入居できるまでにして、それから先の苦労は、入居者希望者をいかに選ぶかで、これは慎重のうえに慎重を期した。五坪、広くても十五坪ぐらいの小さな単位の部屋を借りに来るような人は、営業の立場からはあけすけにいって信用できない。ましてやこういう変わった建物を気に入って、というのは「芸術寄り」の人た

134ページ・ビル東側、旅館ふうの階段室。
135ページ・２階画廊「空木」の事務所。低い窓は畳敷の名残か？

ちと相場が決まっているから、「私個人としては好きなんですが、こちらの商売としては選んじゃいけない相手」(笑)。既得権のあったわずかなテナントやオーナー関係の入居者をのぞくと申し込み第一号といっていい「内藤さんなどはいちばんあぶない」(笑)客だった。もっともその危険人物は現在まで家賃の滞納はひと月もなしの記録を誇っている。

ほかの部屋も、一見して強い個性が伝わってくる画廊「空木《うつぎ》」や「バイオリンアート」は、壁から天井に連続する曲線をうまく生かしたインテリアが際立っているし、イギリスに本部があるフラワー・スクール「コンスタンス・スプライ・ジャパン」の島田文雄教頭は「花をあつかう作業にはぴったりの環境」といわれる。短波で国際放送をきく人たちの日本BCL連盟会長の名越眞之さんのオフィスもある。高台の上、そして窓の外がひらけているのは絶好だし、建物が古くてしっかりしているから気持ちが落ちつく。十五年になるが今後もここから動くつもりはない、と。松の丸太を基礎杭に使っているらしい。とすると、同潤会江戸川アパートと同じだ。空調のダクトを通すために壁に孔をあけようとしたが、ドリルがイカれてしまったともいう。それほどコンクリートが固く打設され、鉄筋が密に入っていた。竣工は昭和四年(一九二九)。震災復興期だからという以上の理由があったのかもしれない。靖国神社が目の前という、場所が場所だから。

さてしかし、このへんで白状しなければならない。ここに住んでいる人はいない。かつての集合住宅が現在オフィスビルに転用されたのでもない。出自は旅館「松葉館」である。この竣工と同年に中央公論社から刊行された今和次郎編『新版大東京案内』の「東京の旅館」の項に、「軍人の多く泊る松葉館」という記述がある。これが目下のところわかっている、いちばん長文の(!)説明である。このあとに続いて「九段附近には下宿兼業のものが多数にある」とあるが、逆にいえば当時の「麹町区には帝国ホテルを先頭にステーションホテル、丸の内ホテル」など、「専門旅人宿」のなかに、当松葉館は入れられている。できたばかりを紹介しているわけだから、その後どのようにこの建物

アルミパネルに覆われた現在の外観。

が使われたのかはわからない。土地柄からしてもただの旅人宿には終わらなかったと思うのだが、その肝心な部分は不明である。この界隈に長く住んでいた大学時代の同級生に訊くと、この建物を取得した松岡さんは銀座で写真館をやっておられたらしい。女優の松岡キッ子の親族だとか。以前は九段下あたりには靖国神社に詣でる人たちの旅館がやはりずいぶんあったそうだ。軍人会館（現九段会館。いわゆる帝冠様式の建築である）も脇にある軍人たちの街で、九段芸者もいたわけなのだ、と。

つまり旅館も集合住宅の一変形と考えられるとして、ここにとりあげる次第だが、それというのも九段下ビルを紹介した際に、たとえば「九段下という場所は東京のなかでも特別な感じがあって」と書いたが、ここにあるべきビルディング・タイプというか建築の役割が、神保町から九段下、九段下から九段上という短い距離のなかで、微妙に、しかし決定的に移り変わっていくような気配を感じるからだ。その後、坪内祐三氏の『靖国』（一九九九年、新潮社）を読んで、九段につい

竣工時の外観（横河建築設計事務所蔵）。

てもっと具体的に「下町でも山の手でもない特別な場所」と指摘されていることを知った。しかし残念ながら松葉館への言及は同書にもない。

設計は横河民輔が開設した横河工務所。戦前最大の設計事務所のひとつである。横河は、当時の建築家たちが新しい建築様式を主体的に創出すべきだというような議論を見切っていて、建築は社会的価値によって決まると確信していた。工務所の名称もたぶん、そこに由来する。

昭和四年（一九二九）は、その横河工務所が成熟期に設計を手がけた都市建築、日比谷の三信ビルと銀座の交詢社ビルが出現した年でもある。それに前後して日本橋三越本店、兜町の東京証券取引所も手がけている。

東京のなかの東京とでもいうべき拠点を次々と建築化していくさなかの、隠し子のような出生にもみえる松葉館は、横河工務所社史にも一葉の外観写真と、昭和四年の項に「松葉館完成」の五文字があるだけだ。

しかし、内藤さんのいう「尋常ならざる」気配は、建物そのものに歴然としている。どうしてもただの旅館で片づけたくない。人が住みつくような形態である。通りに面する長手のファサードは水平線が主調だが、それを突き破る中央階段室のふくらみ、ファサードに象眼された放物線アーチの小窓、そして妻側ファサードに象眼された放物線アーチの小窓、庇で浮き彫りにされた窓、垂直に切り割られたスリット、そして全体を包む曲線は、なによりも三信ビルを、また石本喜久治が四年前に数奇屋橋に完成させた旧東京朝日新聞社を思い出させる。時代の風をまともに受けた姿なのである。

横河民輔の東京大学卒業設計は、都市内住宅、とくに店舗併用住宅と職工住宅の改良である。その意識がこの旅館にまで沈潜していたかどうか。

松葉館完成の五年後には、グロピウスのもとに学んだ山口文象の、白一色のジートルンク「番町集合住宅」がほど近い麹町下六番町に、七年後にはフランク・ロイド・ライトに学んだ空間構成をモダンスタイルできわめた土浦亀城の野々宮アパートが九段坂下に出現する。番町集合住宅は戦災で失われ、野々宮アパートは、あれが土浦さんの建築だなと思っているうちに消えていった。見慣れた建物が不意になくなることをまだ考えもしなかったころである。そして私にとっては、子供のときに訪ねた靖国神社の境内が、何より花火や旗、見世物や屋台に彩られた祭りの場であった記憶と、再訪したそこのあっけないほどがらんとした印象とのずれを埋めるものを探し出せず、とまどっていたころである。

アルミパネルが鞘堂のように守っている、旧松葉館・現松岡九段ビルのアーチ窓だけが、この地域に兆していたモダンの時代の名残、そして地域そのものが帯びていた性質を、いまもかろうじてとどめている。

一九九九年八月

上・番町集合住宅（1934年、山口文象）。
左ページ・野々宮アパート（1936年、土浦亀城）。
国際建築協会編『現代住宅1933-1940』第２巻（1941年）より（2点とも）。

飯倉片町

スペイン村

「スペイン村の一部が取り壊されるらしいよ」。『東京人』編集部からの電話連絡を受けたあと、たまたま同じ部屋にいた仕事仲間にもそのニュースを話していたら「えっ？　志摩のテーマパークは大丈夫だと思っていたんだけれど」、と男四十三歳妻と子どもふたりありが応えた。「それ渋谷のスペイン坂と関係があるんですか」と女性三十歳既婚に訊き返される。

建築情報に強く、まちの流行にも敏感なのに、この世代ではもう知らないのだ、あの「スペイン村」を。たしかに小さくわかりにくい場所だが、それでも、いまでいえば麻布十番みたいに、若者なら一度は訪ねてみたいと思う隠れスポットだった……はずである。

しかし店舗やレストランがあるわけではない。「スペイン村」の愛称で呼ばれていたのはただの集合住宅である。木造二階の五棟で構成されている。その一棟が二十五年前に建て替えられて、残る四棟二十七戸が現在まで残ってきた。そして今度はさらに一棟が壊されることになる。

それがなぜ「スペイン村」なのかをふたりに説明しようとして行きづまってしまった。この建物、裏にまわるとふつうの南京下見張りなのだが、道に面したファサードは入口の部分が深く引っこんでいたり、あるところは曲面の壁が張り出していたり、しかも全体が白い漆喰でぶあつく仕上げられているので、木造とは思えない印象を受ける。さらには窓の形が千変万化だ。アーチ、尖頭アーチ、そのプロポーションも細長いのから横に拡がり、さらには二連の窓になり、完全な円窓もあれば矩形の上下二段あるいは双対の窓もある。ウィーンの、あのおちゃめな集合住宅、フンデルトヴァッサー・ハウスの先行例とでもいいたくなる。

設計者が気のおもむくままに描いた絵がそのまま建築になってしまったような形だから、全体をまとめている基準線が見えない。窓と壁がとりとめなく増殖し、ふしぎな家のイメージの迷路に入りこむ気分になる。

でもそれがなぜスペイン村になるのか。「屋根にスペイン瓦を使っているとか？」男四十三歳は推量するが、いや屋根は黒いスレート様の材料を使っていた。考えてみれば渋谷のスペイン坂だって、まるでスペイ

前ページ・すでに取り壊しが始まった棟１階の、道路側の室内。

現存するフラットのファサード。

ンの要素はない。要するに「異国風」の言いかえなのか。以前、大学で都市デザインの講義めいたことをしていたとき、この建物をスライドで見せながら、日本の喫茶店文化と関連づけて話していたことを思い出した。スパニッシュふう窓の形やステンドグラスふうに色ガラスをはめこんだ開口部も、チューダーふうの柱や梁も、様式がつくり手の意のままに混然としているから、なぜかひっくるめて異国風となり、なぜかコーヒーをするのに格好の空間になっていた。

「スペイン村」については手元にほんの短い記述の資料しかなく、その内容も少しずつ違っていて、ほとんど風聞と憶測程度の説明しかできない。これをつくったのは上田文三郎という農学者（あるいは農業技術者）で、米作学を学ぶためにカリフォルニアの各地を訪ねた（あるいはアメリカの農業視察のツアーに参加した）。そこで知ったモーテルを手本として、帰国後、五軒の木造集合住宅（フラットと名づけられた）を建てた……といわれる。モーテルが手本、というのは、喫茶店ふうのスタイルゆえではもちろんなく、ふたつの部屋のあ

いだに共用の浴室・便所を置き、どちらからも直接使えるように両面にドアをつけたモーテルにたまたま泊まったというところらしい。

　その時期は、資料によっては昭和五年（一九三〇）ごろだったり、昭和十年（一九三五）ごろだったりだが、いずれにしても東京で喫茶店が一挙に増える時代と重なっている。

　その「スペイン村」の正式名称を紹介するのも場所を明記するのも、残念だが控えさせてもらう。じつは、だいぶ前に取材を申し込んだのだが断られた。いまでも上田氏の遺族あるいは血縁の方々が各棟を相続しているのだが、名所となってしまったばかりにいろいろと迷惑を被ることもあったのだろう。あるいはほかの理由があったのかもしれない。とにかく取材はあきらめていた。

　突然、限られた部分ではあるが住戸内の撮影許可が出たのは、今度建て替えになるその一棟だけが、ある不動産会社の所有になっていたために、その会社の好意で、住み手が立ち退き取り壊し工事が始まるまでの短期間だが取材の機会を与えられたのである。

　そういうわけで、六本木近くの住宅街の奥に折りたたまれ隠されているような「スペイン村」に行くのは、過ぎ去った世界のなかに入りこむことだった。以前、喫茶店の本をつくる企画があって、むかしなじみの場所をまわってみたら、ただの一軒も残っていなかった。それと同じで、いまはその道を通ってもだれも何も感じないにちがいない、建物と場所の痕跡を確認できれ

取り壊された棟1階、142-143ページの部屋より台所、勝手口を見る。
右ページ上・取り壊された棟、道路より最奥の部屋。
下・同棟道路側2階、画家がアトリエに使用していた部屋。

ばそれで気がすむ、程度に思っていた。

ところが驚いた。現在もこの一画はハツラツと、むしろ若返ってそのままにある。たぶん骨組みがしっかりしているから化粧直しが引き立つのだろう。要するに建物もまわりの植木もよく手入れされている。あいかわらずお洒落な生活が営まれているのである。

L字形の小道に沿って四棟が並んでいるが、今度建て替えられる棟は道が折れる入隅のいわば死角にあって、全体が見えにくい。そのせいもあるのか、この棟だけ壁面がやや平板だし窓割もシンプルだ。だが住戸構成は他の棟と同様に、当時の木賃アパートなどとは違って独特である。

建物内には各住戸へのアクセス通路、つまり中廊下も外廊下もない。道や路地に面したドアがいくつかあって、それを開けると、もう家のなか。あるいはいきなり階段が二階の住戸に導く。戸建て住宅の集合体に近い。その家々はひとつひとつ違う。壁と壁との隙間にできたみたいな小さな家もあれば、大階段を昇って広く開け放たれた部屋が続く大きな家もある。入口ドアを開けるなり、いきなり大きな飾り棚が道に顔を出したり、階段室の下をくぐり抜けるような狭さだが、床は黒白の市松模様と派手だったり、びっくり箱みたいにさまざまな室内が飛び出してくる。一軒一軒に思い切り趣向をこらしているから、全体としては脈絡が見えない。つまり趣向が強い方向性は、世界全体を描き出そうとする家の博物誌のような表れ方になる。それはたとえばレジャーホテルなどで各部屋をスタイル別につくるような手法に似て、じつは対極的だ。

撮影に付きあってくれた不動産会社の方の話では、このあとに計画されているのはメゾネットのタウンハウスで、この環境にうまくおさまるように腐心しているとのことだった。よい結果を祈らずにはいられない。別棟に住んでいる、文筆業の肩書きをもつ大谷峯子さんもこの日、立ち会ってくれた。じつをいえば彼女が消えていく建物を惜しんで大家さんに交渉し、最後の撮影を可能にしてくれたのである。大谷さんが借りているのは、東南端の棟の、路地奥の二階の東南の角部屋である。部屋が空くのを待つ入居希望者が多いなかで彼女が優先されたのは、「ここは文筆や美術にたずさわる人が住むのがいちばん」という大家さんの方針があるからで、だから事務所専用に使うのもお断りだという。このフラットをつくった人の気持ちはそのように受け継がれているのだろうし、取材は御免被るというのも、いまはもう静かに暮らしたいだけという家族の日常が大切にされていることの証しにちがいない。

住んで十年目になる大谷さんの部屋は夏暑く冬寒い。それでも東南向きの大きな窓にはカーテンも網戸もないままに過ごしてきた。家庭電化製品のない時代にできた住まいだから、なにかにつけて不便だが「もうマンションには住めない」と大谷さんはいう。室内にいるとなおさら、集合住宅の気配は微塵もない。戸建て住宅のなかだ（残念ながらここは、約束にしたがって撮影していない）。隣室は九条映子がしばらく使っていたらしいし、ディック・ミネやバッキー白片もここに住んでいた時期があった。

今回取り壊される棟の二階に、板張りの広い角部屋があるが、そこに住んでいた日比野克彦がアトリエとしても使っていたという。黒々とした床には油絵具の痕跡がわずかに残っている。

さまざまなアーティストたちが生活していたここは、七十年前の「住む」ことの夢が、この絵具に似た痕跡のまま、まだ色褪せない、というよりますますあざやかにその完成されていた絵を想像させる場所である。それは、当時もまた現在においても東京における異国としての「スペイン村」である。そして都市のなかに共有される憩いの場、語り合う場としての喫茶店に似ながら、専用の「住む」場にこうした趣向を行使することで、その装飾的モチーフや手づくり的な間取りはまったく別の積極的な作用を果たす結果となった。

文筆や芸術の人が「住む」べきというここの方針は、規格的な住戸にたいしてはもちろん、一見多様に思わせながら変わりばえのしない住戸を売る流れにたいしての、痛烈な批判となっている。

話が尽きないままに大谷さんの部屋間近の東京タワーが点灯された。窓外の町が近づいてくる。

一九九九年三月

西早稲田

日本館

消火器

ひさしぶりに訪ねた「スペイン村」は健在で嬉しかったが、こちら高田馬場の「日本館」も、まるでお変わりなく、どころか前よりも大きく感じられる。しかもこちらは愛称ではなく、堂々たる正式名称である。それだけではない。玄関先に掲げられた「男子下宿賄付」の六文字がまだ生きている。

昭和十一年（一九三六）、武井定市郎氏が始めたこの下宿は、現在は息子の久夫さんが継いでいるが、実際の切り盛りは夫人の妙子さんが主役。ほぼ三十室に高校生、大学生が生活している。中学生がいたこともあるし、現在は年配の勤め人もひとり。外で遊んだり、外食も便利になったご時世だから、全員というわけでもないが、朝夕の食堂には集まってくる。朝食は七時から八時半、夕食は五時半から七時のあいだ、遅れる場合は八時までは取っておくという規則である。「私が言うのもナンだけれど、家内の手料理はそりゃおいしいんだから」と、久夫さんは目を細める。入居希望者は全国からあるという。父から息子、その弟と受け継がれてやってくるケースももちろん。

酒タバコは基本としてダメ。女人禁制。かつての男性単身者用の下宿・アパートではこれがあたりまえだった。子どもをここに送りこむ親たちからは、うんときびしくしつけてくださいと言ってくるらしい。お邪魔したのは昼すぎだったが、廊下を歩いていくと、ドアの前にスリッパがそろえられている部屋が意外に多い。まじめに勉強しているのか、とにかく部屋にいる時間が長いようだ。子ども部屋に近い印象で、下宿とは大きな家族のかたちなのだと、至極当然の感慨がこみあげてきて、われながらとまどう。

この下宿の来歴をおふたりに訊く。久夫さんのご両親は山梨県の出身で、父・定市郎氏が勤め先の関係で東京に居を構えることになったとき、母の婦志子さんはその浅草の住まいに二、三人の下宿人を賄う。その後すぐに関東大震災に遭遇し、新宿柏木に転居、下宿としての規模もやや大きくなるが、次いで戸塚三丁目に移って本格的な、十二、三人を受け入れられる下宿に発展する。その名も「東京館」。

しかしそれとても既存の木造建築を取得したもので、

前ページ・1階廊下。右側の渡り廊下は戦後に増築されたもの。

「東京」から規模を倍増し、建築そのものをプロデュースした「日本」へと飛躍するきっかけは、古い木造につきもののシロアリだったらしい。定市郎氏は一大決心して新しい土地を求め、当時新進気鋭の建築家、大滝惣一郎に設計を依頼する。

「ところが、私たちが引っ越したあと、戸塚の家のシロアリは気配を絶ってしまった。いまもその家は残っているんですよ」と久夫さんは声をひそめる。結果として新しい下宿館の建設が成功した武井さん一家にとって、何者かの意志の配慮が信じられたのは当然だろう。だから苦労もちゃんと天から与えられた。借金を返済するために、夏季冬季に学生たちが帰郷して一時空いた部屋は、講習を受ける通信教育生や大学受験生の宿泊に利用するなど、きめこまかいやりくりのなかで下宿システムはいちだんと精度を増していったのだろう。

新築当時は、じつは「紺碧寮」の名がついていた。早稲田大学から懇望されて第二高等学院の学生寮を数年間引き受けた。三十人が一度に食事するので、二部屋を使って大きな食卓を入れていた。卒業生の何人かはいまでも訪ねてきてくれるんですよ。むかしの学生だから、ね。

久夫さんは次男だが「日本館」を継ぐかたちで両親と一緒に住んでいた。いまからちょうど四十年前、結婚してここに来た妙子さんは、家事には縁のない医者の娘だったのが、姑の婦志子さんの特訓を受けることになる。しかもただの家庭料理ではないから大変だった。婦志子さんは昨年、九十八歳の天寿を全うされた。そのあとを守る妙子さんと「日本館」は同じ年の生まれ。やはり何かの縁があったのだろう。

この建物は角地に建つ。四軒の家が並んでいたのをひとつにした敷地だから、けっこう広い。東南の玄関を入ったホールにソファがあり、その奥の中庭が明るい。庭をロの字形に囲む廊下がめぐり、一階は武井さんたちの居室、食堂、台所、それに下宿部屋が続く。二階はすべて下宿部屋。四畳半が基本だが、三畳、あるいは逆に少し大きめの部屋もある。北西端の廊下の一部は、上下階とも現在は部屋に改装された。そのほ

男子下宿
賄付
日本館

２階廊下。
右ページ上・銅板貼りのドームを頂く正面ファサード。
下・台所。食事を載せた盆がいくつも入る食器棚には、
部屋の番号札もかかっている。

かは中庭に面した洗面所にしても共同便所にしても、往時のかたちがよく残されている。だいいち、よほど施工がよかったのか、廊下を歩いたり、窓を開けたりしても、ガタピシした感じがまるでない。屋根瓦とサッシュは取り換えた。檜の廊下はペンキを塗ってしまったが、他にめだった改変はない。中庭側にぐるりと張り出していた鉄製のヴェランダはなくなった。戦時に鉄資材供出を課せられたためである。洒落た鉄のアームの廊下灯も同じ目に遭った。いまは一灯だけ、それとなく残されている。

各部屋の入口は板戸の二枚引き、上部には通風と採光の窓。ていねいな造りだ。室内は押し入れと小さな床の間つきの畳だから、こたつにでも入れれば冬は最高だと思うが、絨毯、電気暖房に加湿器が多いらしい。長い勉強時間にはやはり椅子式なのか、若い人たちの暖房観が変わってきているのか。

しかし「日本館」の顔は、なんといっても東南角の正面ファサードである。サッシュはアルミに変わっても、帽子のような円弧の庇にとんがり屋根の銅板は一度も葺き直されていない。壁の左官仕上げもしっかりしている。とにかくこの顔立ちはとびきり洋風なのに名は日本。旧国技館スタイルというべきか。つまり明治末期両国に竣工した相撲の殿堂は国技の場であるのにイスラム様式で仕立てられていたが、それと同じようなところがある。旧国技館の設計は当時の建築界のリーダー格で、赤煉瓦の東京駅も手がけた、ほかならぬ辰野葛西事務所。時代を下るにしたがって、ビルディング・タイプの内容にふさわしい様式、また様式そのものの純化が確立されていくが、明治期の混沌とした様式の発露は一種の景気づけみたいなそれなりの衝撃力があり、建築の内容と様式との関係はもっと複雑で深いものであるにちがいないことを教えてくれる。その証拠に、伝統の意味をより正しく考えて、とつくられたはずの現在の国技館外観を見てごらんなさい。あんまり興奮できない。

その本来的なエネルギーが、建築界の上層部分では淘汰されてしまったが、一般庶民あるいは巷の建築家たちの意識下には流れつづけていた。そしてそれが木

廊下に囲まれた中庭。上に見えるのは物干し台。

造モルタルのアパートメントという新しい都市建築のなかに噴出した。たとえば渋谷の駅周辺とか中央線沿線、あるいはこの早稲田通りに平行する裏道でもいい、そんなアパートばかりが連なっていた。

昭和初期あたりまでの、個人経営のアパートの独特の魅力はそこにある。例の同潤会の一連の不燃化集合住宅の到達点は江戸川アパートだが、まちの木造アパートは同潤会アパートの建築言語を好き勝手に借用し、もう一度イメージの混沌のなかに投げこんだ。だがその証人たる建築群も、この「日本館」を稀な例外として、全体としては絶滅の危機に瀕している。

武井定市郎氏は昭和三十九年（一九六四）七十七歳で亡くなられたが、自分の学生たちだけでなく、この町全体の面倒もよく見たという。日々の生活がそのままボランティアだった。「日本館」に、現代建築の説明過多気味のスケールとは違う率直な大きさがあり、時代状況のあわただしい移り変わりから遠い時の流れが見えるとしたら、受け継がれているものがいまもまだ確乎としてあるからだろう。

一九九九年四月

旧学習院昭和寮

高田馬場駅を出て目白方面に向かう山手線の、左側の窓ごしに外を見ていると、高架から神田川と新目白通りを見下ろしつつ渡った直後に高台が迫ってくる。その南斜面に前後して建ち並ぶ、スパニッシュふうの建物が数棟、ほぼ目の高さで一瞬だけ見分けられる。

西武新宿線車窓からもそれは見える。新目白通りと平行して走ってきた上り電車が、右にカーブして山手線の高架をくぐり抜ける寸前、マンションやビルの隙間を通して、一棟また一棟と、台地の上にちらりと確認できる。

ずっと前からそれに気がついていた。縦長のアーチ窓、頂部が屋根形の煙突などの記号が明快で、しかも何棟かが同じデザインで統一されているからだろう。でも何の建築だかちょっとわからない。静かで、どこか堅固な、人知れずなにかの実験でもやっている研究所みたいな建築群である。

歩いていってもその全体が見える場所に立つことはできない。山手線からの視野を得るにはその高架の線路に立つしかない。新目白通りからは、西武新宿線の高田馬場駅にいちばん近い踏切から、一棟だけはほぼまるごと見える。しかし崖の下に近づくにつれて手前のビルや住宅のかげに消えてしまう。坂道を右に左にのぼっていくと思いがけないところからもうひとつの同じ形の棟のアーチ窓や煙突の一部が顔を出してはまた引っこむ。高台の建築群だから、以前ならどこからでもよく見えたのだろうが。

その一画は隠されているわけではないらしい。この高台の稜線が続く、おとめ山公園側にまわりこんで、四十段近くの石段をのぼりきった先に突然、裏門と、その門内に二棟のスパニッシュがそびえ立つのに出くわす。長い塀の先にはもう一棟も見えている。さらに塀づたいにたどっていくと道が大きく開けていて、正門。その奥に瀟洒な正面ファサードが待ちうけている。驚いた。この本館には何度か訪れているのに、裏手に点在する小建築群と同じ構内にあることに思いいたらなかったのだ。

本来のアクセスはまずこの本館にいたる道である。目

前ページ・本館外観。

白駅の改札口を出て目白通りを西に進み、左に曲がってお屋敷街に入っていくと道の突きあたりに正門と本館が、東京でも数少ない、しんとして明るい景色をつくり出している。正面階段室の、アーチ窓が段状に重なりながら、さらにその上に空にのびる高い煙突は住宅街のスケールによく合う。この背後に、電車から見えたいくつかの棟がある。

『学習院百年史第二編』(一九八〇年、学習院)によれば大正十二年(一九二三)、学習院の寮制度が全寮制から希望入寮制に改められた際に、高等科寄宿舎を構外に新築する計画がたてられ、帝室林野局から現在の敷地が引き渡される。関東大震災で計画は一頓挫をきたしたものの、昭和元年(一九二六)建築工事着工、同三年(一九二八)三月三十日竣工。本館と寮舎四棟(こちらが、電車から一瞬見える建物)のほかに、舎監棟、門衛棟、あわせて七棟がスパニッシュスタイルで統一されている。設計は宮内省技師、権藤要吉。

地下一階地上二階の本館は、談話室、娯楽室、読書室、院長室、舎監室、食堂、厨房、浴室など。寮四棟は個室を主とし、第一寮には皇族学生の個室と浴室、随員室が加えられていた。収容定員はすべてで五十名。構内にはテニスコート二面もあった。開寮後一年ほどして「昭和寮」と名づけられる。

竣工五年後に空から俯瞰撮影した写真を見ると、緑の深い田園のなかに白亜の建築群が際立っている。崖下つまり現在の新目白通り側はほとんど「田舎」だが、正門からのびる道路を中心軸とした高台の区画は整然として、大きな屋敷の瓦屋根が連なっている。華族の近衛邸があった場所で、その後の分譲で高級住宅街が形成された。いまでもそのころをしのばせる古い邸宅がしっかり残っている。

昭和寮の現在は、日立製作所の管理になっている。本館は日立目白クラブとしてよく知られているし、四つの寮棟はそのまま社員寮として引き継がれた。クラブハウスは日立製作所および関連企業の社員向け福利厚生施設として集会や結婚式場に利用されるために部屋の一部は模様変えされているが、あとはほとんど昭和寮時代の状態を維持している。マネージャーとして

本館１階正面にある大広間入口。
左ページ・同階段室。

十年近くを勤めてこられた豊田信之さんに館内を案内していただいた。

ドアや窓の鉄細工、柱頭や梁の漆喰装飾、木部の文様、ステンドグラスなど、全体がよく統一されているが、あらためてこれが高等科学生のための施設と考えると、ちょっと驚いてしまう。談話室の拵えなどはまるで大企業の役員クラブだ。大食堂では給仕のサーヴィスを受けながらの正餐だったようですよと、豊田さんは言われる。

「寄宿舎の新築決定後、大正十四年九月から昭和二年四月まで、池田俊彦教授を英米独仏の諸国に派遣して、オックスフォードやケンブリッジをはじめ、各地の学生寮の設備と制度の調査研究をなさしめた」と、『百年史』にある。時間をかけたこの調査にもとづき、「学生の個性と人格を尊重し信頼するというイギリスの寮制度の精神を参考にして、寮生活の基本をその自治に委ねた」。また日立目白クラブの案内には、「英国上流階級の子弟校として名高いイートン校の寮を範に」昭和寮が建設されたと記されている。

たとえば現在身近に見られる寮とは、まず寮棟そのものが全体の主軸となり、その一部に食堂その他の共有施設が組み込まれる構成が一般的である。それにたいして本館が前面に建ち、背後に寮棟が分散配置された昭和寮の構成は、若者たちが社交と自治生活の作法を何よりも先んじて身につける装置としての、学寮の原型がそこに残されているような気がする。

当初は寮生ひとりに一室。残された写真を見ると、二連のアーチ窓の部屋に机、棚、ベッドが完備している。プライヴァシー尊重は欧米調査からの結論だったのだろう。しかし昭和十二年（一九三七）の日中戦争勃発あたりから学生にたいする監督が重視されるようになり、十六年（一九四一）太平洋戦争突入後はさらに厳しくなる。その直前に寮生の居室から失火があったことも一因らしい。当時は高等学校学生は未成年でも喫煙を黙認されていたが、それが仇となった。戦時下では本館屋上での国旗掲揚、皇居遥拝などの朝礼、また防空訓練、燈火管制も行われた。個を尊重するための集団生活の機能は逆方向に作動していく。

昭和寮時代は食堂として使用されていた現・大広間には、バーコーナーが残っている。

昭和十八年（一九四三）度からは寮制度が改まる。寮生を一年生に限定し、昭和寮は修練の場となるが、一年後には一時閉鎖、教職員やその家族の仮住まいとなる。終戦後は教職員の宿舎、本館は校舎としても使用されることがあったが、昭和二十七年（一九五二）、大学の教育・研究施設資金調達のために売却。ひとつの歴史が終わった。

しかし建物と構内全体のたたずまいは、日立製作所によってほとんど往時のままに守られてきた。本館はもちろんだが寮棟も、所帯じみた気配を微塵も見せていない。どこか変わった点はありますか、と豊田さんに訊くと、そう、木が大きく生い繁ってきましたね、との返事。たしかに建物のあいだを埋めつくすように木々が大きな枝を広げている。『百年史』に、入寮当初の学生による感想が引用されていた。「卵色の明るい和やかな壁が未だ少しも汚れてゐない、心なしか木々の緑も芝生の草も、庭径に敷かれた小砂利迄もが、皆生々と新鮮な香りをはなってゐる……」。いま、その七十年後の場所がそのままある。

二〇〇〇年六月

荻窪

旧西郊ロッヂング

旅館
西郊
(3391)0606

賄い付き高級下宿「西郊ロッヂング」が昭和六年（一九三一）の春先に開業した当初はたちまち満室になったという。ところが冬を越した翌年の春には、全体の半分近くが空室になってしまった。「本郷に比べると荻窪は寒くて、駅までの道が霜柱と泥で、長靴をはかなければお手上げだったらしい。ところがうちのお客さんは長靴のままでは勤め先にはいかれない人が多くて」と、現在は「割烹旅館・西郊」が通り名になっているそのご主人の平間美民さんは、祖父母にきいた話を苦笑まじりで教えてくれた。今和次郎編纂の『新版大東京案内』に、雨の日の丸ビル前の写真があり、「土くれ一つない舗道の上で泥靴を洗っているのは道の悪い郊外の住宅区域からの通勤者の多い証拠」と説明されていたのを思い出す。

手元にある昭和三十六年（一九六一）の都電路線図を見ると、いちばん西に延びていた十四番線の終点が荻窪。この時代あたりまでの、東京圏といえるものの痕跡を、路面電車がそれなりのかたちで残していた様子がうかがえるが、昭和初期は別荘地同然だったのだろう。新宿から出た都電が中央線の南側を通り、国電荻窪駅に結びつく直前の住宅街にこの建物はあった。四つ角に面した壁が弧を描き、その曲面を仕上げるように青銅のドームが頂部にのせられている。駅の南北の街をつなぐ大踏切があった時代から、それが失くなり、路面電車も営団丸ノ内線にとって代わられて地下に消えた時代まで、「西郊」の特異な外観は、あるときは街にとけこみ、あるときは現在のように、失われた街の風景を呼び覚ます表情に変わってきた。

この建物については、建築家の大嶋信道さんが、何年も行ってきたヒアリングや実測調査の成果をお借りしつつ、平間さんに話をうかがった。

美民さんの祖父美喜松さんは茨城の人だが、大正はじめに上京、本郷金助町（現・本郷三丁目）で下宿を始めた。といっても実際に事にあたったのは祖母さうさんである。美喜松さんは宮内省に水道関係の技術者として勤めていたが、当時の公務員は薄給で子どもが病んでも医者に診てもらう余裕さえなかったほどだという。そのために、妻が家計の一助に始めたころの下宿

前ページ・ドームのある新館（1938年竣工）。

新館２階の廊下。

人は二、三人。苦労した末に第八初音館の経営にまでいたる。ナンバー制の名の下宿は親族によるチェーン経営だった。先に紹介した本郷・鳳明館グループと、地域や親族間の結束がよく似ている。

その初音館はやはり関東大震災に襲われて焼失、応急のバラックで当座をしのぎ、数年後には本建築に建て直す。営業が軌道にのったあと、一転、荻窪に移ってきた。震災のとき、神田方面から燃え広がってきた火の手が神田川をも越えてしまい、順天堂医院を焼き払って坂をのぼり、本郷を襲った恐怖からその後も開放されなかったことが、結局は移住を決意させた。

美喜松さんはそのころには宮内省を退職して荒玉水道に勤めていた。そこでつくられた野方配水塔の完成が、「西郊」オープンと同年。前にふれた青銅のドームのある棟は昭和十三年（一九三八）竣工の増築なのだが、師、藤森照信建築探偵の薫陶を得た大嶋建築少年（？）探偵は、このドームが野方配水塔のドームそっくりだと名指しで推理する。

部屋は、造り付けのベッド、マントルピース（ガスス

巡恋

新館１階の個室。
つくりつけのベッドにマントルピースも。

トーブが置かれた)、電話を備えた洋間の個室が基本。高級下宿の名に恥じない。地方の富裕家庭の子息、それに当時の満州国関係の人に多く利用されたというが、一般の学生や会社勤めの人には高嶺の花だっただろう。美喜松さんは俳句もよく嗜んでいたという。「西郊」という場所の形容、「ロッヂング」という的確な英語の選び方をみても、さてこそと思われる。そうした人だったからだろうか、下宿人たちがここを去るに際しての揮毫が多く残されている。

早くも昭和七年(一九三二)の日付で、「随所作主」の一筆があり、中国人名による漢詩がいくつかある。十四年には「新しき東亜を想ひつつ満州国に赴任す」。十七、八年には「夏に来りて夏に去る。早くも此処に二星霜、やがて我も国の盾」「聖戦下休電日。憩ひの宿」。このころは日本無線の寮にも使われた。さまざまな軍需工場に全国から作業員が集められていた戦時下である。「理想を求めて戦に敗れた我等は、現実に生きて平和の民族とならん」は二十年長月の日付。

終戦の翌々年、息子の美邦さんが結婚、美民さんはその翌年に生まれた。この昭和二十三年(一九四八)、高級下宿の看板を下ろして旅館に。しかし「西郊ロッヂング」の名は、ずっと後までそのまま残されていた。この時期には美邦さん、つまり美民さんの父上は旅館経営をまだ継いでいない。本業の獣医の仕事で手一杯だった。しかも犬や猫などの小動物専門医が少なかった時代だから、代々木のワシントンハイツや練馬のグラントハイツ(つまりアメリカ占領軍将校クラスの家庭に呼ばれることが多かったのか)、あるいは日本橋、銀座、江東方面にまでおよぶ往診で、それこそ猫の手も借りたい毎日だったのだろう。だから先に、まだ大学生だった美民さんが祖父を手伝うことになる。昭和四十五年(一九七〇)のことだが、このころから受験生を受け入れるようになってきた。

旅館になったが、宿泊より宴会や寄り合いが多かった。とにかく駅に近いから会社関係の接待も多く、春闘のときには国鉄職員の急場の泊まり込みにも重宝がられた。

洋室の多くを和室に改装したのもこのころ。受験生にはかならず親がついてきて同じ部屋に泊まる。受験生同士が相部屋になることも当時はふつうだった。しかしその後は、親子でもひとり一部屋ずつに分かれる時流に変わってくる。本郷・鳳明館と、こちらはその本郷から荻窪に移ってきても、事情は同じである。

最盛期はこの一帯では四十余軒あった下宿のほとんどは旅館になる。そして現在も経営している旅館は「西郊」ともう一軒だけ（登録は七軒という）。父上がなくなられたいま、相続税対策も含めて美民さんが考えているのは、ふたたび住むための建築に戻すことである。もちろん、下宿はもう成り立たない。賃貸マンションである。とりあえずは増築部分、つまり新館のてこ入れを具体化しつつある。

この棟を施工したのは町田さん、という名だけがわかっている。設計は岩倉鉄道学校の建設科を卒業した美喜松さんそのひとにちがいないと大嶋さんは言う。少なくともかなり具体的なイメージまでは出していただろう。その証拠は美喜松さんが荒玉水道時代に関わったらしい例の野方配水塔と兄弟の仲みたいなドームである。そればかりではなく、ちょっとした円窓や壁の表情、廊下と部屋のあいだに建てこんだ通風のガラリやドアの欄間の型ガラス、そして部屋そのものの豊かなたたずまい。そうしたこまごましたところまでまとめあげたのは、創設者自身の愛情以外の何物でもないと思えてくる。

この地域は学校も多い。東京で住みたい場所の上位にも挙げられている。しかし、昭和モダンの民間遺産ともいえる「西郊ロッヂング」にそのまま住むのは若い人たちには無理だということで、各戸専用の水まわりや台所、ヴェランダの組み込みが必要になる。欧米の古い集合住宅の改修例のように、庭などに新しい水まわり棟をつくるのなら簡単だが、入口を入ったところに水まわりがなければいいや、というおかしな昨今の通念が大々的な改修を要求する。時代の夢を反映している遺産のどこまでを残せるのか、美民さんの悩みはそこにある。あらためて、日本人の暮らし嗜好の根なし草的画一的贅沢さの有為転変を思った。

二〇〇〇年五月

高井戸
浴風会

中庭に

京王井の頭線沿いで、かつてもっとも人目を引く建築景観は、電車が一高前駅（現・駒場東大前駅）にさしかかるや忽然と現れる第一高等学校だった。現在は新しい建物や成長した樹木のかげでまったく見えないが、塔の聳立する本館の左右に、同じ形の図書館と講堂。垂直のリブが連続する彫刻的な建築が、窓外いっぱいにひろがっていた。ガリバーの手風琴だ、と子どもごころに思っていた。

同じ井の頭線の高井戸駅と富士見ヶ丘駅の中間、線路南側の住宅地を歩いていくと、高い木々に囲われた宏壮な浴風会の敷地がある。その正門ごしに主塔がよく見える本館を設計した内田祥三を、周辺住民は「一高を設計した建築家」として記憶していたという記事もある。やはり同じ設計者として納得している。

東京大学本郷キャンパスにある安田講堂は大正十四年（一九二五）、一高本館は昭和八年（一九三三）、そして浴風会本館は両者の中間にあたる昭和二年（一九二七）の竣工。内田は大正十三年（一九二四）、財団法人同潤会理事に着任。つまり関東大震災直後、復興事業を推進するなかで、その関連組織である浴風会施設の計画にも携わることになる。本郷のキャンパスをはじめ、処々の東大関連施設を実現していく時期と平行して、同潤会と浴風会に関わったわけだから、その建築に共通する表情が見られるのは当然かもしれない。

しかし、一方は大学であり、一方の浴風会は当会案内によれば、震災等により「自活することができなくなった老廃疫者及び扶養者を失った者の救護を行うため」、「内務大臣の許可を受けて設立した施設」である。でも本館の中央部にはたしかに安田講堂ばりの堂々たる塔がそびえている。浴風会の顔としてよく知られてもいる。老人医療発祥の地に、この塔をどう関連づけたのか、それを知りたかった。

創建当初は二万七千五百坪の敷地に五十四棟の建物があった。現在は本館とその背後にある礼拝堂以外は、すべて新しい棟に建て替えられているが、広大な敷地はほとんどそのまま。緑はいっそう深くなっているはずだ。鉄筋コンクリート造二階建て、一部三階の本館は奥行はせいぜい一〇メートルだが、左右に七〇メー

前ページ・礼拝堂を背に、池をはさんで本館を望む。

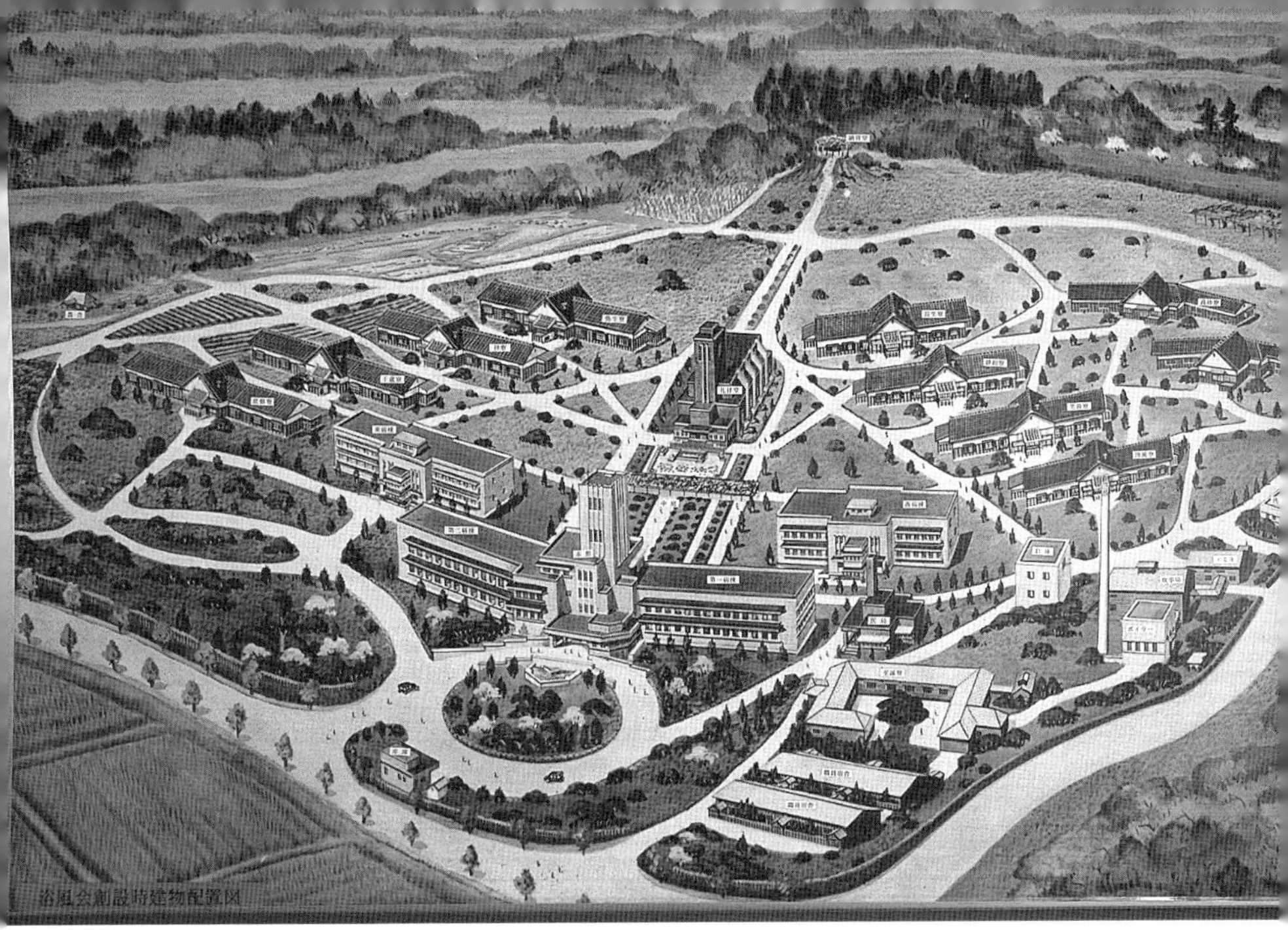

浴風会創設時の全景が描かれた着色透視図。

トルにも伸びるプロポーションだから、巨大な船のようだともいわれる。ただ平面図を見ると上下階とも中央部分に事務室その他の管理部門の部屋が集中し、左右の細長いウイングは病室、という対称形である。しかもその翼棟は正面から見てやや後方に反っている。グライダーのような形だ。その軸線上の後方に、切り離された尾翼みたいに礼拝堂がポツンと置かれている。

　訪ねる前の創設時の建築についての知識はこの二棟についてだけだったが、いざ本館の応接間に通されたとき、驚いた。壁に掲げられている着色透視図は、知りたかった浴風会創設時の全貌を描いていた。まさにグライダーの編隊。本館を先頭に、すぐ後ろ両脇を東西の集団寮、その外側を家庭寮八棟および夫婦寮二棟が、昂然と頭を擡げ、両翼をぴんと拡げて続いている。

「当時は、入園者たちは農耕や養鶏や家事を園内でやっていたんです。私が二十二年前ここに来たときもまだ内職をしている者がいたし、寮の建物も少しは残っていた。収入は全部で分けていたから一種の社会主義的共同体」だったと、案内してくださった常務理事の

本館内部。ホールから階段室へ。左ページ・礼拝堂外観。

高橋喜三郎さんは言う。

資料によると、集団寮は鉄筋コンクリート造二階建て。各八室、約二十五畳の広さ。東と西に男女八十名ずつが入る。家庭寮は木造平屋建て。各棟十畳四室、二十四名ずつ男女別に。夫婦寮は各棟十室に十組が入る。四畳半の部屋。「夫婦だけで四畳半とは、当時では贅沢な広さといっていい。日本の長屋は家族全員が住むのに四畳半、よくても六畳に土間附きが一般的だったわけですから」

各寮には寮姆がひとりずつ附いた。漢和辞典によると「姆」は婦道を教える女とある。いまでいうケースワーカーだが、単身女性の教育者がたんなる管理役をこえて寮生活の中心となり、みんなから敬われていたという。元気な者は炊事や病弱者の介護も手助けする。すなわち家庭であり共同体だった。

病室は、前にもふれたが、本館内に位置していた。東西翼棟一、二階にそれぞれ四十二坪の大部屋。各二十三人、あわせてほぼ百人分のベッドがあった。世界の列強諸国から見れば、福祉の面では日本は間違いな

く発展途上国の時代である。だから「これほどの規模と内容の社会福祉施設を、国が一挙につくるうえでの自負心はあったと思う」と高橋さんは言う。本館の威厳を保とうとしているような塔はその「自負心」を反映しているのではないか。

中庭をへだてて本館と対峙する礼拝堂にも同じ角筒型のタワーがあるが、建物自体のデザインは異色だ。外国人の設計らしいが名は不詳。やや大仰なフライングバットレスや館内の梁柱を三角形の連続体にしているあたりの表現主義ふうは謎めいている。じつはこの建物こそ浴風会創設の精神を解く鍵かもしれない。建築関係の資料には「れいはいどう」すなわちチャペルと記されているのがあるが、「らいはいどう」ですよと、高橋さんに訂正された。阿弥陀如来が本尊、タワーには梵鐘が吊られている。一方、映写室などの設備まであった。当初は畳敷だったが、現在はベンチが並ぶ。いまでも毎週、法話会がある。

財団法人浴風会の施設を、浴風園と呼んだ。ここに引き続いて横浜分園も開設するが、昭和十二年（一九三七）の日華事変から第二次世界大戦にいたる戦争の拡大とともに入園者が減少し、逆に陸軍による施設の逐次接収によって、当会の事業は半身不随になってしまう。横浜分園は終戦二年前に閉園。ここも大きなダメージを受けたが、戦後の生活保護法の施行にともない、同法による保療施設として再生、さらに一九五一年社会福祉事業法の施行にともなって社会福祉法人に改組、すなわち厚生省の直轄団体ではなく、民間福祉施設に生まれ変わる。

現在は、浴風園（養護老人ホーム）、南陽園（特別養護老人ホーム）、松風園およびケアハウス（軽費老人ホーム）、あわせて約九百人の老人ホームと、三百床の浴風会病院を主な事業としているが、浴風園の名に、創設期精神の「根っこが残っている」と高橋さんは言う。

当初の入園者は三百十七人だった。

前にもふれたように、ほとんどが建て替えられたが、老人ホーム各棟は煉瓦タイル壁と銅版葺きの屋根に統一され、穏やかな環境をつくり出している。養護老人ホーム浴風園を訪ねると、最上階は三方に眺望が開い

礼拝堂内部。

た浴室、さらに五室をのぞくすべてが個室で、ベッド、サニタリー、流し、ゆとりある収納と広いバルコニーが完備している。全国でもトップクラスだという。
「紆余曲折の生活を送ってきた人も、最後にここに来てよかったと思いながら人生を全うできる施設をつくりたかった。個室はその意味でも大切です。一般に養護老人ホームは、持ちものを全部捨てないと入れない。これがいちばん辛いんです。職員にも言っているのですが、ここで持ちものを処分するときは、本人が承知しても代行してはいけない、必ず自分で捨てさせなさい、と」。十分な押し入れは、そのように必要だし、わが身を考えてもよくわかる。無一物になっての清閑の日々は理想だが、じつは大切なものは現実の物として妄執として、何ひとつ捨てられない。現代社会ではだれもの住まいが個室化している。病や老いや死とともにあってさえ、共同体は希薄になり、施設と化している日本の現在が、この浴風会の歴史を通して逆にありありと見えてくる。

二〇〇〇年九月

善福寺さくら町会

同潤会といえば、その下にはアパートメントとくるのがあたりまえのようになっている。関東大震災後の住宅復旧事業において主役的な役割を果たした同潤会の名が、一連の鉄筋コンクリート集合住宅と強く結びついているわけだが、じつはアパートメントハウス建設の前後に木造長屋や戸建て住宅をつくっているのだ。

震災翌年に各戸八畳一間の「仮住宅」。そのすぐあとに二一六戸建ての「普通住宅」。当時は「仮」に対して「本住宅」と呼ばれた。仮住宅の入居者は本住宅への入居を保証するという仕組みである。そしておなじみのアパート建設がはじまり、昭和三年（一九二八）から、アパート建設後期と重なって、戸建てを中心とした分譲住宅の建設が着手される。

『東京人』一九九七年四月号の「同潤会アパート」特集は、タイトルどおりアパートメントハウス建設事業に的を絞った記事を集めていたが、そのなかで、都市計画家、早稲田大学教授の佐藤滋さんが「同潤会、その運動と軌跡一九二四―一九四一」として、同潤会事業の全貌を見渡す論を寄せている。右のデータはそこから拾い出させてもらったのである。

佐藤さんへの原稿依頼は、私が編集部に進言したと思うのだが、というのもその前に本にまとめられた『集合住宅団地の変遷――東京の公共住宅とまちつくり』（一九八九年、鹿島出版会）が、とても印象的だったのだ。仮住宅・普通住宅建設はいわば同潤会の前史であり、事業としてはとにかく、建築そのものは過渡的だと思い込んでいた私の先入観をうちくだいてくれた。

つまり、同潤会旧普通住宅について論じている章がとりわけ興味深く、現状についても教えられることが多かった。以下もこの著書を参考にしながら話を進めさせてもらうが、東京地区では赤羽、荏原、尾久など八ヵ所に、住宅地が建設されている。およそ二千五百戸。すべて集合住宅で、「独立住宅に近い内容を持つ二戸連続形式」や「商店向けの土間を持った二階建普通長屋形式」つまり併用住宅、などの四種で構成されていたという。そのなかでも四戸重建《かさねだて》形式は、同潤会普通住宅に独特なものだと、佐藤さんは指摘している。

前ページ・竣工当時のライトふうの屋根も現存する。

まず細長い建物がある。真ん中でふたつに分けてその境目近くに二戸の入口を並べる。その真上に別の二戸分の部屋を載せる。一階部分の両端に二階の住居への入口、水まわり、階段室をとりつける。これが四戸重建形式である。平・立面図を見ると、一階の屋根中央部に長さも幅も短めの二階部分が乗っている家のかたちが、けっこうスマートだ。総二階で入口が正面にずらりとならんでいたりする、いかにも長屋ふうとは違うし、日照や各戸の独立性という点でも一工夫されている気がする。

尾久普通住宅（竣工時）。

佐藤さんがとくに強調しているのは、これらの木造集合住宅の棟配置の手法と、街区や道の寸法体系が、「望ましい住環境を創出」している点である。このあたりに興味がある方はぜひ原文にあたっていただきたいが、ここでは戦後の公共住宅の、板状形の住棟を並行配置することで確保したオープンスペースとは違う発想でできた住宅地である、とだけ言っておいて、現地のひとつを訪ねてみたい。

私は週に一、二度は西荻窪駅で降り、バスで西武新宿線沿いの自宅に帰る習慣になっているが、そのバス路線から入ってすぐ、南北に長い一画が、かつての同潤会普通住宅二百二十戸あまりが配置された西荻窪住宅地だった。当時は店舗六戸、娯楽室、児童遊園、テニスコートなどの施設までそろっていた。善福寺池も目と鼻の先である。ごく日常的な、しかし漠然とひろがっている住宅街のなかから突然、「東京の郊外」という、はっきりとしたヴィジョンと道路骨格をもった場所が眠れる村《ブリガドーン》のように浮上してきた。

さくら町会メインの十字路。
下・四軒長屋の名残をとどめる旧「普通住宅」住棟。

町内の路地（上下とも）。

そのつもりで見なければ見えない場所である。以前、この一画にある小公園を取材に来たことがあるが、そのときも気がつかなかった。いま、ほとんどが増改築あるいはまるごと建て替えられていて、写真や図面で知った木造集合住宅の原形はごくわずか、それも屋根や壁の一部が断片的に見え隠れしている程度である。

壁はささら子下見板。もっとも一般的な仕様だったから、むかしの、という特別な意識で見ることもない。例の四戸重建形式の二階部分は前に説明したように、細身で屋根の切妻も小さい。その切妻の裾がちょっと左右に張り出ている、フランク・ロイド・ライトの自由学園明日館の屋根を思い出させる。つまり、いまの眼で見ても、ごく身近なものである一方、どこか洋風のイメージをかきたてられる気配が底にひそんでいる。それは大正末期に夢見られた「東京の郊外」ではなかったか。

現在、この場所から、そのような時代も同潤会も普通住宅も消えつつある。それに反比例してますます強く確実なものとして現れてきたものがある。

道である。

佐藤さんが言うとおりなのだ。都市計画家の眼がそこにある。

現在は善福寺さくら町会と呼ばれているが、その名のとおり、桜並木の道がこの一画の中心となっている。そこから細い路地が分かれ、家々の入口がその路地に面している。その路地と路地のあいだに、さらに細い路地、というより、もうよそ者は入り込めないような隙間庭とでもいうべき空間がある。つまり、二本の路地で囲われた一区画に二列に配列された住棟は、表側は路地に面し、裏側つまり台所などのある生活側は、この隙間庭を共通のものとして向かい合っているのだ。

一区画を一枚の角皿にたとえるとすれば、この皿に二匹の魚をそれぞれ背を外に、腹を内側にして並べる。これが基本で、皿の長さを倍にすれば二組の棟が計四棟並ぶ。この皿をテーブルの上にきちんと並べていく。これに対して、戦後の公共集合住宅はテーブルの上に直接、腹側を同じ方向に向けて均等間隔で並べていく。つまりバルコニーを南面させ、日照四時間を確保する間隔でオープンスペースに配置する。これはコンクリート造中層棟に必要とされた計画であり、木造二階長屋建てで高密度を解決する必要のあった普通住宅地とは当然条件が異なる。

「本住宅」の名が変えられたのは、「本格」に通じて誇大な印象を与えてしまうと思われたからだろうか。といって「普通」ではうな重なんかの並みたいでちょっと失礼だし。いまならばベーシック・ハウジングとでもいうべきで、家族が住む最小限単位である。下町にならとにかく、郊外住宅地にもってきたのは無理があったかもしれない。しかもかなり複雑なうえに動きのとれない住戸の組み合わせは、増改築や建て替えに支障を生じたのも当然だろう。竣工からほぼ七十五年を経た現在、ほとんどの家が新しくなっている。しかし道と区画構成はそのまま、ということは小さな親しみやすいスケールがいまも息づいている。人が定住するために、酸素のように必要不可欠なスケールが。

並木道の交叉する角の建物は四十五度振られ、四つ角を広場に変えている。イギリス田園都市に通じる理想がそこにあると佐藤さんは指摘している。東京ではたしか、このような隅切の建築を配した最初の例は、銀座煉瓦街のいまでいう四丁目交叉点や江戸橋南詰の駅逓寮だった。つまり、明治の初期、西洋建築の導入とともに採用されるようになる。平野威馬雄によると、江戸最初の商店街は、日本橋附近から京橋以北に建て始められたが、「四辻の角は、角屋敷といって、誰も家を建てようとせず、前歯が抜けたように、そこだけ家並が抜けて空地になっていた」（『懐かしの銀座・浅草』一九七七年、毎日新聞社）。迷信だか何かで商人たちには嫌われたらしい。その結果、いまの眼から見れば、いちばんとっつきのいいその角地には假店みたいな飲み屋などが出るようになったというが、平野はさらに、それはロンドンやウィーンでも同じで、終夜開店のカフェが町の角々にあり、客にあぶれた街娼たちが夜明けまで過ごしたらしいと指摘する。ここから伏流によって通じるイギリス田園都市においてこの角部の価値転換がなされた、とみることはできないか。

一九九九年十二月

東京女子大学旧東寮

旧同潤会本住宅、現善福寺さくら町会から、歩いてすぐのところに東京女子大学がある。大正七年（一九一八）に開校した当初のキャンパスは角筈にあった。現在の新宿駅西口を出て目の前、朝日生命ビルがあるあたりに、深い木立に囲まれた校舎があったとは信じられない。

しかしそこから移ってきた井荻校舎、現在の善福寺キャンパスは、創建当時の面影をそのまま残している。大正十一年（一九二二）、西荻窪駅の開業と同年に、まず建設にとりかかったのが二棟の学生寮、ついで西校舎。建設中に関東大震災に見舞われるが翌年の春には竣工。体育館、外国人教師館も同年に完成し、続いて学長住宅、常務理事住宅（ライシャワー館）、東校舎、さらには昭和六年（一九三一）に図書館（現本館）、昭和十三年（一九三八）に講堂・礼拝堂が姿を現す。

現在、東京でもっとも美しいといっていい大学キャンパスは、六十年前にすでに骨格ができあがっていた。全体の構成もミッション系大学の理念をよく表している。正門と本館（現在、図書館は新館に移された）を一直線に結んだ軸線の左右に東西校舎が配され、その手前に講堂・礼拝堂が控える。芝生の庭園を中心に幾何学的にまとめられたキャンパスがとにかく印象的だが、もっと特徴的なのは、その背後にひろがる林のなかに、ここの出発点となった二棟の寮や学長住宅などが点在している光景である。

寮は中心のタワー棟から斜め前方左右に部屋が突き出された先にロの字型平面の棟がとりつく。東寮・西寮と呼ばれた。初期の計画ではタワーから前後左右に六本の腕が矢車のようにのび、同じロの字の寮六棟を配していた。その大きさは本館側のキャンパスを圧倒している。そこに日々生活することの大切さを教育理念として何よりも優先し、建築に体現させていたのである。しかも全寮室は基本的に個室である。住宅のなかの子ども部屋とは訳が違う。だいいち、七十五年前までは日本の一般家庭にはその子ども部屋さえなかった。それが東京女子大学にとって、大学たるべき場所の第一の建築だった。

総合計画をたて、礼拝堂までの建築をすべて設計し

前ページ・1924年竣工の旧寮中央正面。
煙突（タワー）の右手が旧東寮の５号館。

たのは、アントニン・レーモンドである。チェコ人でアメリカに渡って建築家となり、日比谷の帝国ホテル建設に際してフランク・ロイド・ライトの助手格で来日、その後日本にとどまり生涯の大半をこの国で過ごした。数多くの建築、とくに住宅はもっとも日本的とさえいえる木造住宅の典型をこのチェコ人がつくり出し、日本の建築家たちに大きな影響を及ぼした。

東京女子大学を手がけていたころは、自分のスタイルを模索する習作時代ともいえる。本館や教師館は師のライト、礼拝堂はフランスの建築家オーギュスト・ペレの作品そっくりだし、同じころに軽井沢に建てた自分の別荘兼仕事場はル・コルビュジエが南米に計画していた石壁づくりの別荘の、間取りも外観もそのままに、ただ木造に変えたという大胆さで、当のル・コルビュジエを唖然とさせた。

しかし、いまあらためて見直してみると、ライトともペレとも違う、チェコ・キュビズムに通じる独特の切れ味と繊細さがにじみ出ている。どんな時代にも耐えうる重層的な近代主義（ピュリズム）がレーモンドのスタイルだという気がしてくる。とくに寮は計画内容からしてもストレートな建築で、中庭を包みこんだ二階建てに個室の窓が延々と並ぶ、飾り気のない表情は、スタイルをこえた迫力となっている。

現在は新しい学生ホールなどの必要、また建物自体の老朽化のために、西寮は解体されたが、タワー棟と東寮は生き残った。個室一部屋が往時のままに保存され、あとはクラブ活動の部屋に再利用されている。

集合住宅の一原型として、寮も紹介したいと思っていたが、女子大学となると二の足を踏んでしまう。うまい具合に知り合いの画廊に勤めている栗原佐和子さんが卒業生だったので取材の段取りを頼んだ。学報編集室におられた、またご自身も寮生活を体験している三宅文子さんを紹介していただいたのである。総務部を訪ねて部長の高橋恵さんに大略の話をうかがい、そのあと管財課長の加藤公平さんと三宅さんの案内で寮に向かう。

まず目に入ってくるのは八角形平面の異形ともいえるタワー。この真下の八角形の部屋に厨房、洗濯場、

５号館、寮生居室。
右ページ上・同館中庭。中央半円は寮生が集ったパーラー。
下・パーラー内部（中庭側）。

ボイラー室などがある。ここから集会室兼食堂が腕のようにのび、ロの字型の、ほぼ百室の個室群からなる寮棟に結びつく。寮生は個室と、腕の部分にある集会室、洗濯室のあいだを日常行き来していた。

寮の正面玄関から入ると左右に応接室と週番室、その先の階段ホールには電話室。来客は応接室で寮生と会うことになる。また電話がかかってくると週番は長い廊下を走りまわって相手を見つけるまでがたいへんだったらしい。これに郵便受けを加えて、寮生にとってそれらは外からの便りが届く大切な窓だった。そして内世界には寮監の先生の部屋が階段を上がってすぐのところにあり、相談に行ったりお茶を呼ばれることも多かった。

しかし、生活の基本は個室にある。縦四畳の広さ。内開きのドアを開けると半畳分の踏み込み、その横に半畳分の押し入れ、中央に二畳の畳、窓際の一畳分の板の間に机と本棚とたんすがつくりつけになっている。中庭に面した部屋なら、窓外に豊かな緑の眺めをひとり占めできる。どの学生にとっても、小さな新天地だったにちがいない。部屋を与えられたというよりは、自分という一個の人格をはじめて与えられ、よろこび、苦しみ、祈る自分が生まれ出るさまを、最小限の部屋を通して学生たちは知ったにちがいない。

ベッドを希望する学生には大学から貸し出された。ますます狭くなるが、相互訪問、入りびたりは日常茶飯事で、十人もが一部屋に集まっておしゃべりがつきない。というのも、寮生の連絡や活動のために十人を一単位としてまとめられていた。「お列」と呼ばれる。

三宅さんが在寮したのは昭和二十八年から三十二年（一九五三—五七）までだが、このぎゅうづめのおしゃべりや歌の集いの楽しさが、いまでも忘れられない。「だいたいお金がなかったのね。外に行く必要がないし、買いものなんてしたこともなかった」。学校のなかですべてが事足りていた。

お列は、かなりの頻度で組み替えがあった。一定のグループに偏らないようにとの配慮だったのだろうが、自分の小、中、高校での学級編成のたびに味わった深刻な気分を思い出してみると、ましてや十人単位では

パーラー（廊下側）のマントルピース。

家族の入れ替えに等しいものだったのだろう。これを決めなければならない委員たちは、お列の新編成発表をした翌日にはみんなトンズラしてしまい、寮には戻らなかった。

「学科やサークルで一緒になる人たちは、学問や趣味が共通した友人なのだけれど、寮では生活をともにすることで知り合うわけですね。だから当時はギクシャクすることもあったけれど、卒業して何年か経つと逆にかけがえのない友人同士になってくる。共同生活は人間の成長に不可欠なんですね。いまでも集まって遊びに出かけたり、いつまでも話しこんだり、むかしのままにね」

旧東寮の奥には新しい三棟の寮が増えたが、緑はいっそう濃く深く、キャンパス創建精神はむしろ骨太になっているようだ。取材を終えて正門に戻ってきたら、ちょうど構内に入ってきた栗原さんに出くわした。私がいま別れた三宅さんと落ち合い、東京女子大学の記録づくりの打ち合わせがあるという。彼女もここではまぎれもない卒業生の顔になっている。二〇〇〇年一月

横浜山手

旧ライジングサン石油社宅

東京女子大学旧東寮に続けて、アントニン・レーモンドによる建築をもうひとつ訪ねた。横浜山手の旧ライジングサン石油会社社宅である。

なぜレーモンドをふたたび、しかも今度は横浜にまで足を伸ばして紹介するかというと、前にも書いたように日本の建築の近現代の基点を築いた最重要のひとりであり、そして横浜の関内や山手の居留地が新しい建築群と環境を育ててきた屈指の場所だからである。

たとえばライジングサン石油会社（のちの昭和シェル石油）に関わっていたレーモンドは、ほかにも同社のために十七軒の戸建てタイプ社宅や横浜本社ビルまで手がけている。ここで紹介する社宅も十七軒のほうも昭和四年（一九二九）設立だが、その同じ年に、スタンダード石油会社の社宅まで、やはり山手町に建てているのだ。

しかもスタンダード石油会社との関係は戦後も継続し、山手および本牧に二階建てあるいは平屋の戸建て社宅を建てている。これがレーモンドの戦後日本における建築活動の始まりとなり、踵を接してリーダーズ・ダイジェスト東京本社、アメリカ大使館アパート、米進駐軍の住宅や基地施設、アメリカ人を施主とする個人住宅などが、昭和二十四年（一九四九）からわずか二、三年のあいだに陸続と登場する。こう書けば、政・軍・商・私にわたるアメリカが奔流の勢いで日本に入りこんできたことがわかるが、その建築に関するかぎりはたんなるアメリカナイズには終わらなかった。戦前の二十年間を日本に住み、日本建築の本質を求めつづけたレーモンドがその中枢にいたからである。

彼は八十歳半ばでようやく故郷に帰った。建築活動はその最晩年まで旺盛で、日本全国にまたがるものだったし、前川國男、吉村順三をはじめ、多くの建築家を育てた。帰国後、ペンシルベニア州ニューホープの、石造の厚い壁と、内部は板張り、障子の静かな住まいでの休息はわずか三年、そののち永遠の休息に入った。

横浜山手の時代と場所に戻る。

終戦直後に建った、スタンダード石油の二階建て社宅は二五〇〇平方メートルの広大な敷地にあった。それと隣り合っていたのがフェリス女学院のキャンパス

前ページ・北面、勝手口側のデ・スティル的造形。

である。しかも関東大震災によって倒壊・消失した校舎のあとに復興した一号館がいまもそびえる、フェリスの心臓ともいえる場所である。

ここから先は、同学院本部事務局管理課の斎藤一男さんと施設担当顧問、谷伊佐夫さんにうかがったものだが、平成に入ってこのスタンダード石油の旧社宅と敷地を取得、教室などに使用していたが、現在は取り壊して新校舎を建設中である。レーモンドの作品であることは承知していたが、やむをえなかった。そのかわりに可能なかぎりの詳細な記録保存につとめた。

この中・高等部および本部のキャンパスとは道をへだてた先にある、大学の施設が集中するキャンパスの隣りに旧ライジングサン石油の集合住宅型社宅があり、これも取得された。前置きがすっかり長くなったが、ここで紹介する、現フェリス女学院大学十号館がそれである。数多くのミッション系学校の建築を手がけながら、フェリスとは直接関係のなかったレーモンドの作品が二棟もそのキャンパスに組み込まれることになったのは奇遇ともいえるが、横浜居留地環境形成の歴史を考えてみれば、必然のなりゆきだったのかもしれない。

この十号館の現在は用途こそ変わったが、今後も建築の原型を損なうことなく使用されるという。戦前のものはもちろん、終戦直後の記念碑的な作品までもほとんど消失してしまったレーモンドの空間を体験できる貴重な遺構が、ここに残されている。

鉄筋コンクリート二階建て、四戸。「十人の速記者のためのフラット」と呼ばれていた。たしかに二階は十寝室よりなっているが、台所、食堂、居間、二―三寝室の四家族の住戸がはっきり区切られている。しかし、その構成はちょっと意表をつく。

南面を見るかぎりは集合住宅とは思えない。大きな開口部が並び、各戸の区別がつきにくい。共有の広い庭のなかに建っているせいもあるだろう。この南面の中央部分のドアを開けると玄関ホールがあり、入った奥にさらにふたつのドアが並ぶ。その玄関ドアを開けると正面に階段室が見える占有の玄関ホールがある。つまり中央から左右に振り分けられた二住戸が配され

上・南面ファサード。下・南面テラス。
左ページ上・同テラス、2戸共有の玄関。
下・共有の玄関ホールから各戸玄関内をみる。

10号館
第5演習室
教職課程センター
教職課程研究室
個人研究室

教職課程

ている。

全体を見ると両端部の部屋が心もち張り出しているが、この両端部妻側には残る二戸の玄関ドアとホールがそれぞれにあり、入って左右つまり北と南に食堂と居間が振り分けられている。このように四住戸が分かれている。

比較的平坦な南面ファサードから裏手の北側にまわりこむと一変して、再分割された壁面や開口を積み木のように重ね、さらに螺旋階段や煙突によって上昇の構成を強化した、立体的な表情に驚かされる。それはデ・スティル派の空間構成に近く、来日して間もないレーモンドが東京・港区霊南坂に打ち放しコンクリートで建てた自邸（大正十三＝一九二四年）を思い出させる。勝手口側だからさまざまな機能が混然としているのを逆手にとって積極的に生かしたデザインといっていいだろう。

この表裏の二面性は、一棟を四つに分けて住むことにも深く結びついている。玄関を入ってしまえばどの住戸もしっかりと私的領域として守られ、それぞれ裏口もあるし、居間は庭に大きく開かれてもいる。戸建て住宅と変わらない。ところが庭に出れば、そこは四家族が一緒になる共有空間になっている。私的領域がこれほど一瞬にして共有空間に切り換わる集住建築の例を他に知らない。

現在は、一階は大学院関係のゼミナール教室、二階は研究室に使われている。この転用もまったく当を得ている。アトホームな各部屋での勉強と、広い庭での交歓との切り換えは、はじめから教室や研究室として計画された施設にも、こんなにうまい具合に構成された例はないだろう。社宅として、しかも外資系の会社のものとしてつくられたから、このような建物と庭ができたのかもしれないが、ここには豊かな集合住宅のあり方をいろいろ考えるヒントが隠されているような気がする。庭を各戸ごとに生垣なり塀なりで分断し、二階の長いヴェランダも目隠しで仕切ってごらんなさい。おなじみの貧相で単純な集合住宅になりかねないこと間違いない。

突然話が変わるけれど、大沢在昌の小説における東

南面1階の窓から庭を望む。

京の盛り場、とくに新宿の描き方の迫真性はよく知られているが、『標的はひとり』（一九八七年、角川文庫）の舞台になる横浜の描写の的確さも特筆ものである。

「元町から急な坂を上った丘の頂にある」会議場（この建物は虚構だろうが、まさに山手町一帯）を狙撃する者とそれを阻む者との対決の勝敗が地理の読みとり如何にかかっているので、見通しの良し悪し、複雑な地形の描写そのものがサスペンスを次第に高めていく。要するに、ふつうなら散策にもってこいの環境を攻防上の迷路に見せているのだが、そのなかで突然「フェリス女学院の方角から東に近づいてくる一台のワゴン」、「フェリス女学院と元町公園を回りこむような形で山手に帰りついた」などの一節に出会うと、そこから迷路が解けてくるような気分になる。まったく理屈になっていないのだが、その名を知る者には、キャンパスの全貌が容易に見えないフェリスは、ある種の明視性を内包している。その一画に、社宅なり集合住宅なりの本来の意味を語れる生き証人が姿を変えて匿われている。

二〇〇〇年三月

横浜山下

旧ヘルムハウス

YOKOHAM

横浜の建築を、もうひとつ。場所はフェリス女学院のある山手町から下りてきて、元町を抜けた先の山下町。大桟橋や山下公園を目前にして、もっとも「横浜」が横溢していた一帯である。設計者も前章のアントニン・レーモンドと浅からぬ関係をもつ。

しかも寮でも社宅でもない、集合住宅として計画され、昭和十三年（一九三八）に竣工した。鉄筋コンクリート造、地上五階、地下一階、延床面積四〇六〇平方メートル。ヘルムハウスと呼ばれた。ドイツ人三兄弟によるヘルム兄弟商会がオーナーだが、香港に本店があり、海陸運送業や代理商を営んでいたこの会社の日本支店代表はイギリス人。支配人はアメリカ人。長期滞在の外国人向けの高級アパート兼ホテルだったという。いかにも横浜である。

終戦直後は接収されて進駐軍将校の宿舎になっていたが、解除後はアパートに戻る。その面影が現在も残っているが、昭和五十三年（一九七八）、つまりざっと二十年前に県警が買収、本部庁舎の一部として使用するために内部は全面改修された。そして現在はそのままを引き継いで、県総務部庁舎の一部になっている。管理課の尾崎政一さんに、その現状を案内していただいた。

この建物を紹介する建築関係の資料をみると、全面改修した結果、内部はアパートらしくなくなってしまったとある。でも、どこかにその気配が残っていないかというのが、取材の主な関心だった。

外観はたぶん、ほとんど変わっていない。コンクリートの箱を積み木みたいに重ねた凹凸の多い壁面と、どの資料も同じように表現していて、それはたしかに集合住宅の特徴である。しかし、超モダンなアパートとは、現在の眼でみると納得しにくいところがある。いかつい。ごつい。飾り気がないし、各部屋の採光通風を重視した構成も直截すぎる。高級アパートについつい期待してしまうソフィスティケーションや気取りに無頓着なのだ。

それが逆に好感を呼ぶのだが、こんな設計、だれがしたのだと思わざるをえない。その建築家の名がレーモンドの自伝に現れるのは、フランク・ロイド・ライ

前ページ・正面（本町通り側）。

トとともに帝国ホテル建設のために来日していた彼が、大震災直後に中国を旅行中の大正十二年（一九二三）、上海においてである。チェコ避難民のヤン・J・スワガーという構造技師に出会い、協力者として誘う。その年にスワガーは来日し、レーモンドの組織に加わる。

「彼はきわめて良心的でよく働いたが、地震の荒廃が彼に強い印象を与え、構造のデザインは常に重く剛の方に向かっていった。そしてデザインの過剰をみちびき、耐震構造は可能なかぎり軽くすべきであると彼に納得させるのに、長い時間がかかった。（中略）スワガーは独立した方が大きな成功をするという幻想をもつに至るまでの長い間、特に厳格な現場監督としてよく助けてくれた」（三沢浩訳『自伝アントニン・レーモンド』一九七〇年、鹿島研究所出版会）

のちに東京・中央区明石町の聖路加病院の設計にあたって、やはりチェコ人のベドリッヒ・フォイアシュタインが加わるが、レーモンドによると、この建築家とスワガー、それに病院側のトイスラー博士というのが、彼の指導に異をとなえ、「不思議な陰謀を計るようになった」。最終的に別の建築家にとって代わられたこの計画は、レーモンドの設計意図を骨抜きにしたまま完成した。レーモンドはこの三人の死を、やや一方的に悪者の末路のように描いている。それによれば、スワガーは「野心をみたすことなく」南米で死んだ。

横浜におけるスワガーの建築はほかにもある。カトリック山手協会聖堂、同じく山手のセント・ジョセフ・インターナショナル・カレッジの体育館兼講堂、本牧元町三八〇番館などで、昭和十年前後だから、レーモンドのいう独立の幻想を現実に移してからの仕事だろう。どれもなんだかマジメだなーという印象だが、彼の特質がよくも悪くもあからさまに表れているのはヘルムハウスといっていい。

その質実剛健寄りは構造家、しかも「重く剛の方に向かって」いく癖ゆえかもしれない。けれども部屋構成、つまり平・断面計画そのものががっちりしていて、内装改修なんかでは建築の基本はびくともしない。そんなところがある。たとえば、表通りから横丁に連続するファサードを見ると、二階から四階にかけて後退

左・バルコニー奥に確保された吹き抜け。右・１階正面入口脇の部屋。かつては地階のバー専用の階段ホール。

した壁面の両端が、隣り合う窓と同じ大きさでぽっかりと穿たれ、上から下まで貫通する小さな吹き抜けが確保されている。裏側にまわると、建物の中央部分が大きくえぐりとられて、北側に建物が建っても採光を確保する中庭になっているが、そのえぐられたいちばん奥の壁にはガラスがはめられ、内側からみるとサンルームとしても使える通路になっている。

要するに、中央のエレベーターや水まわりのコアを囲むように、凹凸平面形の部屋が連鎖し、結果として建物全体の平面も大きな凹型になっているのである。各部屋は吹き抜けやサンルームを挟んで独立し、しかも階段室が三つもあるからどの部屋にもすぐアクセスできる。だから現在そうであるようにオフィスにすると多少は使いにくいかもしれないが、住みやすいことはたしかだろう。半ば住みつくような編集作業室なんかの集合体だったら、きっと具合がいい。

合理的な集合住宅といったら、軀体は箱状でもそれを分断するように吹き抜けや階段室を組みこみ、南面には表情ゆたかなバルコニーやサンルームをサブシス

左・屋上。右・棟東側の階段。

テムとして取りつけたりする。ところがこのヘルムハウスは、吹き抜けを細分割して随所にはめこみ、バルコニーの一端を躯体のなかに引っぱりこんでいる。吹き抜けやバルコニーを空間上の効果としてでなく、設備ダクトのようにドライに扱う。指の部分を残して裏返しにした手袋みたいな感じなのだ。

当初は一階にヘルム兄弟商会の事務室、レストラン、喫茶室があった。県警に買収されるまで地下には「スリーネイション」というバーが宵の口から早暁まで開いていた。いまは廃墟同然だが、正面玄関と並ぶもうひとつのドアを開け、ロビーからまわり階段で下りていくあたりの、粧いを帯びた空間に往時がしのばれる。

二階以上がアパート、エレベーター脇にはメールシュート、各部屋にはキチネット。スーツケースひとつで入室してもすぐに生活できると、設備の充実が謳われていた。まさにアパートにもホテルにも対応する構えである。

すぐ近くにはゲート部分に三連アーチをあしらった中庭型の同潤会山下町アパートや、百七十もの部屋数

背面。採光を配慮して、中央部分は凹型にえぐられている。

を誇る、どこか賑やかな雰囲気の互楽荘があった。このふたつは失われた。少し離れた平沼町の、入口部からいちばん奥まで重ねられた連続アーチがすばらしかった同潤会アパートもない。あかぬけした横浜気分を作り出す名手、川崎鉄三の設計になる旧インペリアル・アパートが、一部改装されたとはいえ意表をつく連窓をそのままに残されているだけだ。

外国人居留地の下町的な環境を濃厚にとどめていたこの一帯は、たとえば山手や日本大通りなど行政の手厚い保護が感じられる地区と比べて、どこかさびしい。近くの店の主人に訊くと、「みなとみらいのほうに何もかも持っていかれて、もう火が消えたみたいだね」。

ヘルムハウスはまだ頑強に生きているが、とり残された建築や街が死に損ないみたいにみえるのはいやだ。

二〇〇〇年四月

註記　このあと、千野栄一氏がスワガーをチェコ現地読みにするとシュヴァグルがいちばん近いと指摘されているのを知った。アントニン・レーモンドは本名アントニーン・ライマンとも。

戦後篇

都営戸山アパート

都営住宅らしい都営住宅を、いまのうちに見ておきたいとずっと考えていた。といっても、切妻屋根の木造戸建て住宅が緑のなかに埋もれるように整然と並んで、いかにも戦後の新風景をかたちづくっていた団地は、たぶんもうどこにもない。鉄筋コンクリート造ではあるが、公団住宅のそれとは違う表情の、たとえばヴェランダに簡易バスユニットが置かれていたり、住民の手で植木鉢や花木の面倒がみられて気さくな庭になっている団地なら、まだ少しは残っていると思うのだ。

最近、東京都住宅局の古い知人、渡辺喜代美さんとひさしぶりに話す機会を得た。私がやっていた雑誌の座談会に出席してもらった一九七〇年にはすでにいまの部署にいたから、都の住宅問題を見続けていたキャリアは長い。だがその鋭い眼差しは変わらず若い渡辺さんに、都営住宅取材の件を打診してみた。

住宅局の前身である東京都建築局の設置は昭和二十三年（一九四八）、住宅行政を一本化して住宅局となるのは昭和三十五年（一九六〇）だが、戦後初の鉄筋コンクリート造の高輪アパートはその一年前、つまり公営住宅法施行前の中層耐火造で、そこに戦前の同潤会アパートを引き継ぎつつ、公営住宅へとバトンタッチされる瞬間の様子が見られたのではないかと思うのだけれど、この建物も現存していない。

公営51型標準設計はそのナンバーのとおり一九五一年、すなわち昭和二十六年から適用されている。公営住宅、それも都営だけではなく、全国の県営・市営住宅の、今後あるべき生活像を住戸の間取りに反映させてひとつの指針としたものであるが、それを一言でいうならば食寝分離である。さらに具体的にいうと、板の間の台所をもう少し大きくしてそこで食事ができるようにすれば、畳の部屋は独立した居室・寝室として確保できるというわけである。この広めの台所がダイニング・キッチンという名で普及していくのはその五年後、日本住宅公団法公布によっていわゆる公団住宅の建設が始まり、こちらにも同じ理念による間取りがとり入れられてからのことだが、それについては章を別してふれたい。

214ページ・アパート室内。左手ハッチの向こう側がキッチン。
215ページ・外観。中央1、2階の増築箇所には風呂が設置されている。

さて、渡辺さんが教えてくれたのがＪＲ高田馬場駅からほど近い都営戸山アパートで、昭和二十三年から二十五年（一九四八—五〇）にかけて建てられた棟が残っているということは51型標準設計以前の建物である。高輪アパートについてふれたことを繰り返すようだが、鉄筋コンクリート造の公共集合住宅の建設は、戦後早くも三年目から開始されて以来、ほとんど切れ目なく続いてきた。その合間に公営住宅法や日本住宅公団法の公布、また標準設計の適用が、当時の圧倒的な住宅不足に応えつつ、その生活像に近代化をもたらすべくハイピッチで組織化されていった、と見ていいだろう。

その流れの一端を、五十年間住まわれてきた場所に訪ねたわけである。団地内にある管理事務所の武澤五郎さんが案内してくださった。渡辺さんも一緒につき合ってくれた。

庭の花木の豊かさにまず驚かされる。山手線に面した西戸山公園の脇から西方、小滝橋近くまで太い川のようにうねりながら、団地は延びている。全長ほぼ七〇〇メートル、幅五〇—一〇〇メートルの敷地形状が一目でわかるように、住棟が南北の外街路に沿って城壁みたいに並んでいるので、その内側が細長い公園のような、いや、ふつうに管理されている公園のイメージからはいちばん遠いオープンスペースになっている。計画された植樹などはもちろんあるのだろうが、それが見分けられないほどに、住んでいる人たちが好きなようにさまざまな立木や花や植木鉢を持ち込んで手入れをした濃密な庭が隙間もなくつなぎ合わされて、どこまでも続いている。加えて、これは望ましいことではないのだろうが、ところどころに放置された自転車や玩具などの残骸が木陰に編み込まれて、ますます幻想的な庭と化している。

建物の古さはあまり感じられない。外壁は十年ごとに調べて、亀裂があれば埋め、痛んだ箇所を修復し、塗装し直している、と武澤さんは言う。この外壁や小さなバルコニーの佇まいは同潤会アパートから連続していると渡辺さんは指摘する。

いくつかの住戸内部を見せてもらった。台所はコンパクトにまとまって食事は隣の和室。小さなハッチで

敷地内、
「細長い公園のようなオープンスペース」。

つながってはいる。流しはもとは人《じん》研《と》ぎ（人造石研ぎ出し）。便所もまだ汽車型（段差のある床に和便器を置くタイプ）だし、和室には床の間として使うなら、という感じの長押や床板があしらってあったり、入口も引き戸だったりだが、その意匠はやや洋風。というように、それまでの住まい習慣を残す余地のなかで新しい住宅に向かっている。

　都営住宅に風呂を据えるようになったのは何年からなのか。これも聞いておきたいことのひとつだった。私にはそれが公営と公団との見分け方で、だから最初にふれたように、福祉住宅の性格をもつ公営住宅のヴエランダにカプセル型の浴槽が、管理側のお目こぼしによって、それにしては堂々と連なり、生活風景になっているのが好きだった。初期の住戸にはそんなものを置く隙間もない。だから大きな団地では銭湯を誘致する。これが定石。戸山アパートでも一軒営業している。制度的には、各住戸に内風呂が入るのは昭和四十二年（一九六七）からだが、それ以前から場所だけは間取りのなかに確保して、あとは住み手の裁量にまかせるかたちに徐々になってはいたらしい。要するに浴槽を各戸で設置するのはかまわないが、出るときはもとのかたちに戻す。こうして福祉住宅の水準を定めていた。現在は、公営も公団も民間も、住戸ごとにセットとして何もかも完結したかたちになっているから、見た目の区別がつきにくい。

　住戸入口は各階階段室の左右にとりつくバッテリー型だが、ある時期の棟は階段を地下に降りると共同の倉庫がある。けっこう広い。渡辺さんによれば戦後すぐの公営高輪アパートの地下倉庫も有効に使われていたという。同潤会大塚女子アパートにもこれに近いものがあった。共同で使うこうした場所は集合住宅の快適さに不可欠なのだ。屋上もぜひ見ておきなさいと、通りがかりの住人の方から勧められる。

　拝見した住戸のひとつは、住人が引き払った後を次の入居者のためにきれいに修復したままのがらんどうで、まるで現地保存された記念室といった趣である。だがここに新しい住人がやってくることはなくなった。直した後になって建て替えの事業化が決まったからだ。

左・汽車型のトイレ。右・キッチン。配膳台上にハッチ。

ということで、建設年代のより新しい一画は今後も住み続けられるが、他は建て替えを前提に、新規入居者は採らない。現在は五十年かけた環境を住み手は享受しているし、高層が建っても一等地のここなら入居希望者は多いだろう。それにしても「古い団地を見てもらうのは複雑な気持ち」と渡辺さんは言う。「環境共生なんて、むかしからちゃんとやってきたことがわかるし、高層に建て替えられたらそのよさを一部犠牲にせざるをえないことがわかっている。それでも新しくつくられる環境がよりよくなっていくことの議論を私はしたいんですよ」

すぐ近くに高層の都営住宅が建ち上がっている。その最上階から見ると、緑のなかにうねる住棟の長大さが感じられるような位置にドイツ表現主義ふうともいえそうな二本の塔がそびえている。給水塔にちがいない。武澤さんに「この団地はすべて井戸水です。あの塔に汲み上げてから給水します」と説明されて驚く。建てられた時代をそのまま生きている。

二〇〇一年十一月

都市公団
集合住宅歴史館

集合住宅の歴史を考えるためには、何を見ればよいのか。また何が残されているのか。東京圏に残る集合住宅、あるいはそれに準ずる建物と、そこでの生活を拾い集めてきたわけだが、都営戸山アパートに引き続いて、同じパブリック・ハウジングのもうひとつの流れである元・日本住宅公団の最初期のものも訪ねた。

訪ねはしたのだが、じつはこれは、いまも生活されている集合住宅ではない。失われた住宅である。

都市基盤整備公団。昨年このように名称と事業内容が変わった。その前、昭和五十六年（一九八一）から日本住宅公団はすでに住宅・都市整備公団に改組されている。略した呼び名が、日本住宅公団は住宅公団、次いで住都公団、現在のそれは都市公団だから、住宅から都市へと三段跳びを決めたみたいな印象でもある。

その都市公団の総合研究所技術センターというのが、八王子にある。中央高速とJR八高線が交叉するあたりの敷地内に、構造、内外装、音響、超高層などの技術試験を行う実験棟が並んでいるが、そのなかの地震防災館、環境共生実験ヤード、居住性能館などは公開されている。その一隅に三年前から、集合住宅歴史館が加わった。

ここには、都内にあった三団地の五住戸が移築復元されている。

同潤会代官山アパート（世帯住戸および単身住戸・昭和二＝一九二七年）。

公団住宅蓮根団地（2DK住戸・昭和三十二＝一九五七年）。

公団住宅晴海高層アパート（廊下階および非廊下階住戸・昭和三十三＝一九五八年）

これらの建物が解体される際に取っておいた建具、棚、台所、洗面機器、浴槽、階段などを組み立てて、畳や天井はもちろん新しいし、外壁やコンクリートの太い柱なども一部見えたりしているがハリボテである。だから住戸内部だけはまるごと復元した展示で、間取りや建具、設備機器において、戦後日本の集合住宅が展開してきた生活空間の、実証としての記録ということになる。

前ページ・移築復元された晴海高層アパート室内。

同潤会代官山アパートの単身住戸。コルクの上に薄縁を敷いた和洋兼用の床仕上げ。

同センター住環境性能研究室の服部勝幸さん、構造研究室の竹島新一さんに案内していただいた。こうした住まいの再現展示は、映画のセットみたいに家具や道具類を持ち込んでいかにもそれらしく見せるやり方もあるが、ここではほぼ裸の状態にしているから、見学者は自分が入居者となって、新しい住まいに足を踏み入れた瞬間の気分を味わえる。

とくに同潤会代官山アパートは、私が最初に訪ねた三十年前にすでに、十分に住みつくし増改築を重ねてよれよれになっているという、生活が建築を制圧しきった状態しか知っていなかったから、ほとんど新品同様になった、がらんどうの住戸をここではじめて見て、逆に代官山での生活がまざまざと実感できるような気分にさえなったのである。

その世帯住戸は二階建て四戸単位の棟にあったもので、玄関前の階段ホールには非常時用の縄ばしごが設置され、玄関ドアそのものも鉄板で包んで火に備えている。戸を開けて入った土間を板張りの床が囲むかたちの、いわば玄関ホールから、すべての部屋、主室と

公団住宅蓮根団地の2DK住戸。

茶の間、台所、便所に直接アクセスする。台所はガスコンロ台、米櫃、炭櫃、ダストシュートが備え付けられ、便所は汽車型だが水洗。部屋のガラス戸の一部はスライドして風を通す。この間取りや通風の工夫などから見ると、玄関の板張りの床は縁側の気分に近いともいえる。一枚のドアで閉ざしてしまう住戸のなかに、半屋外の場所を望む工夫とも感じられる。

単身者向け住戸は、入口脇にベッドをつくりつけてアルコーブ状の就寝空間を確保し、あとは六畳分の広さをそっくり残して、いかにも住みやすそう。

防災と衛生の住宅。それが日本最初期の近代集合住宅の計画理念だった。そして限られた面積のなかでの間取りのやりくりは、一般庶民の家のつくり方にも影響した。それは同潤会アパートを引き継ぐ公営住宅、公団住宅によってもたらされた。

同潤会アパートは、この歴史館においては先達の位置を占めているわけだが、竹島さんにうかがうと、代官山アパートの取り壊しに際してなんらかの保存の可能性が検討され、それにあわせて住宅公団アパート初期の蓮根団地、および高層の最初の試みである晴海アパートの部分保存の話も持ち上がるという経緯があって、歴史的財産の片鱗が残った。

都営戸山アパートの章でもふれたが、昭和二十六年(一九五一)につくられた公営住宅標準設計では、やはり同潤会アパートを下敷きにしながら、さらに食寝分離、家事作業スペースの南面という、狭いなかでもうまく住むための間取りを確立している。それに遅れて昭和三十年(一九五五)設立の日本住宅公団における57年DK型標準設計が、二者を踏まえたものであるにもかかわらず一般にもっともよく知られているのは、賃貸・分譲の対象が地方自治体という枠を超えたものであったからにはちがいないが、それ以上に、ダイニング・キッチンというイメージの輝きによることが大きかった。台所にダイニング・テーブルがある、という広さの部屋。それは南面と強く結びつき、さらにすぐさまステンレス流し台が加わる。ここに展示されている蓮根の住戸はその直前の姿である。流しはまだ人研ぎで、カウンターの左側に寄せて据えられ、右側には鋳鉄のガスレンジが置かれている。公団住宅では1DKでも2Kでも浴室が付けられたが、当時の再現のために苦心して手に入れたという懐かしい古い檜の風呂桶が、暮らしのオーラを放っている。

晴海高層アパート（正式名称は、日本住宅公団晴海団地15号棟）は、取り壊しの日が近づくにつれて保存を要望する声も大きくなり、公団側もさまざまな保存の手だてを講じたあげく、結局はここに二住戸が移築再現されることになった。加えて、建物と生活の詳細な記録も公団によって二分冊の大部な本にまとめられた。この集合住宅が重要視されるのは、三層六住戸分を一単位とする巨大な鉄骨鉄筋コンクリートの骨組みから、住戸内の合理化を徹底した間取りにいたるまで、設計者・前川國男の異様とさえ思えるほどの「近代化」への執念を無視できないからである。

住戸が廊下階型と非廊下階型とに分かれるのも、三階が一単位の、その中間階にしかエレベーターは止まらないし、廊下もそこにしかないゆえである。ル・コルビュジエのユニテ・ダビタシオンの住戸構成に範をとっているのは間違いないが、ユニテの一単位は三層二メゾネット住戸。

予備知識なしにその住戸内だけを見る人は、畳も障子も欄間も伝統的なものでありながら、まったく別の寸法体系から割り出された特異なプロポーションや、食卓のすぐ脇に遠慮会釈もなく剥き出しのまま林立する給排水管やガス管に目を見張るだろう。いや笑ってしまう人がいたっておかしくはない。

ここに見られるのは何よりも悪戦苦闘の試行だが、この五住戸だけで、民間のものも含めて日本の集合住宅史の大要を語ってもいるのである。その近代化志向が日本全国のむかしながらの住まいを更新し、また奪ってもきた。

都市公団となってのこれからは？　と服部さんに訊いてみた。「都心でどういう家づくり、町づくりができるのか、また町としては何が大きな機能になるのか、それを見極めたいですね」

そう、いまは住まいが町への帰り道を探しあぐねている。ここの五住戸も場所を失った。　二〇〇一年二月

阿佐ヶ谷テラスハウス

ブランコやすべり台が、草や水たまりのなかから伸びて出てきたみたいなその場所に足を踏み入れた瞬間、空気全体に何かが張りめぐらされたような気配を感じた。たくさんの蜻蛉がツンツンと飛んでいるのだ。東京でこれほどの数を見るのは何年ぶりだろう。しかも地下鉄丸ノ内線南阿佐ヶ谷駅にほど近い、公団住宅団地のなかである。

幼児遊園、少年公園と呼ばれている場所だが、そこここに樹木が大きく育ち、芝生の広がりが周辺の住棟のあいだに流れこんで、踏み固められた道になったり、庭にまで続いていたりする。その草花や木々も、計画的に植栽されたものなのか、居住者が好き勝手に育てているものなのかよくわからない。花々や緑は外周の自動車道路のきわまであふれ出ている。場所場所によって低い石積みで縁どりされていたり、竹を組んで垣根をつくったり灌木のぶあつい生垣だったり、ひまわりやカンナが野放図に群生していたり、まるで気ままな庭である。

ここには境界と呼べるものがない。広場や通路、住棟区内などと決められた区画が、判然と仕切られていない。歩いているうちに、ほかの住宅団地とはまるで違う自由な気分がみなぎってくるのは、図面で計画された場所の痕跡がほとんど消えているからだ。むかしの東京の原っぱや土の道や空地の緑が戻ってきている。

阿佐ヶ谷住宅。三百五十戸の日本住宅公団の分譲住宅団地である。中心部に広い公園があり、中層住宅棟が七棟並んでいるあたりはおなじみの風景だが、その周りにある残り二百三十二戸は二階建てのテラスハウスである。この住棟の姿が、団地のイメージを変えているのである。

テラスハウス、つまり長屋建て住宅とも連棟住宅とも呼ばれる形式の、各戸がテラスと庭を専有する接地型集合住宅だが、ここでは四戸から六戸を一棟にした住宅が南面して並んでいる。この配置計画は当時の公団の一般的なやり方を踏襲しているので、その点では限界があるが、なんといっても接地型なので、入居がからざっと四十年経った現在、一戸建ての集合に近い姿を見せているのだ。

前ページ・テラスハウス北面。

テラスハウス南面、庭側。

南の専有庭はもちろん各戸で手入れしているために、四十年の歳月を経て、前にもふれたように千紫万紅の小庭園が連なっている。道から庭へ直接出入りする小さな垣戸を附けている家も少なくないが、これがとてもかわいらしい。棟単位のデザイン・ポリシーを決めているところもあるようで、庭の隅に並べられた収納庫がおそろいだったりしている。ペンキの塗りかえも棟でまとめてやっていたりするから、各住戸単位から棟単位へと表情に段階的な違いが見えて、団地全体がやわらいでいる。

当然ながら増改築が、とくに南側で行われている。同潤会アパートに似て集合住宅の一律性を超えた住まいの形が現れているのだが、その内実はどうなのか。ここに格好の資料がある。『住宅建築』一九九六年四月号で、東京理科大学の初見学研究室が阿佐ヶ谷住宅の調査記事をまとめているが、そのなかで七軒を訪問しての聴き取りの結果がくわしく報告されている。この調査に敬意を表して、こちらは居住者への取材を遠慮し、右の要点をまとめることにする。

1958年竣工時、阿佐ヶ谷住宅全350戸のうちテラスハウスは232戸。いまでは、どこも花と緑に囲まれ、土の香りのする原っぱに点在している。

まず、個別の増築はじつはできない。全体を一団地として認定されているから、現状維持か全面建て替えかのいずれしか認められない。だから、ややおおっぴらな隠れ増築となっているわけだが、現代の生活には狭くなってきているのでやむをえない。天井も低く、二階は屋根裏をとっていないために室内気候がきわめて厳しい。床を下げることで空間の圧迫感から逃れる工夫をした家が何軒もある。増築部分が地盤沈下する悩みも共通している。軟弱地盤にたいして、公団は相当しっかりした基礎工事をしたらしい。それが徒になっているというのはヘンだが、この基礎から外れた庭のなかなどに建てられたりした部屋を、軟弱地盤は支えきれない。だから増改築は容易ではない。運よく隣りの住戸を取得して二戸一にした例もある。等々。

訪問者には感動的なオープンスペースも、居住者にとっては多すぎると思われている節がある。訪ねた日はちょうど蝉の声の降りしきるなかで灌木の刈り込みをやっていたが、公有部分の植木の維持管理を引き受けている団地内の事務所に寄って訊いてみると、年に、草刈り五回、灌木の刈り込み二回、庭木、立木は一回、あわせて一千万もの費用がかかるという。各戸で積み立てている管理費にそれは含まれている。

テラスハウスは、勾配屋根タイプと陸屋根タイプがほぼ半々である。前者は前川國男建築設計事務所が標準設計をした。後者は公団の標準設計、全体の配置計画も公団による。前川事務所に勤務しながら、前川國男の集合住宅計画論をまとめつつある松隈洋さんに教えられたのだが、ほぼこれと同じ標準設計で実現した団地が鷺宮と烏山にもある。

昭和三十三年（一九五八）。阿佐ヶ谷住宅が実現した同じ年に、前川國男は、前章でもふれた公団晴海高層アパートをも完成させる。日本住宅公団が戦後の応急処置と最低限の新しい提案（ダイニング・キッチンなど）を軌道に乗せたあとの、第二次展開期の集合住宅である。つまりひとつは郊外住宅としてのここに見られるようなテラスハウス、もうひとつは都市型の高層アパート、この二方向のプロトタイプづくりが、ル・コルビュジエのもとに学んだ前川に委ねられた。

一九五〇年代初頭に実現した、ル・コルビュジエのマルセイユのユニテは、晴海高層アパートに影響を与えているといっていいが、ユニテではコンセプトとしてのみ示されたスケルトンとインフィルの分離が、晴海ではより徹底して考えられている。つまり大架構の主構造体に住戸ユニットを挿入する構成で、時代の変化に対応できるように、構造体は堅牢に、住戸は改造可能な性格をもたせた。このアイデアは、ル・コルビュジエの前に、建築技術者ジャン・プルーベがすでに考案していた。建築における恒久的な部分と可変的な部分との取り扱いは、このころから国際的な課題になっていたのである。阿佐ヶ谷のテラスハウスも、じつはがっちりとした外殻と改造可能な内部とを構造的に分離して、将来に備えた設計になっている。

阿佐ヶ谷テラスハウスと晴海高層アパート完成の翌年、ル・コルビュジエの基本設計による上野の国立西洋美術館が完成する。これにも前川は関わっている。このスイス人の建築家の名がそのまま建築の新しい方向を意味していた時代である。

マルセイユのユニテは、文化建造物として、現在は国と県の補助を受けて維持管理されている。所有者共同組合の熱意の成果である。晴海は、つい先ごろ、スケルトン／インフィルの潜在能力を一度も試されることなく、取り壊されてしまった。

阿佐ヶ谷の建て替えは急を要している。一方、現状維持を望む人もいる。現状維持か全面再開発かという、逃げ場のない二者択一を迫りながら、しかも一〇〇パーセントの同意を必要とする建て替えは、居住者のだれかが不幸にならなければ進まない。

これらがつくられた当時、理想の集合住宅創出を模索するエネルギーはすごかった。その関係者の努力が一般に認められる以上に、日照を確保するために板状平行配置をとった住棟を、あれは人間の住むところではないとか、墓石の列みたいだと批判するエネルギーはもっとすごかった。公園のような環境に庶民の住まいができたのは日本の建築史上はじめてであることは、その声のなかで忘れられている。

一九九八年十二月

公団百草団地

百草団地については、当時そのあたりのことにくわしい建築家たちから聞かされていた。日本住宅公団の団地では、今後あれ以上のものはつくれないだろうな。それ以前にもなかったし、ね。

つまり、組織がつくる町なので、技術の高度化とかデザインの洗練が一方的に先導するわけではない。担当者次第ともいえる。意欲的な人たちがたまたま各部署にそろった。だから、このすぐれた事例を手本にしてこの先もっと理想的な団地づくりをめざすかというと、そうは問屋がおろさない。逆に、いかに担当者たちが苦労するかが目に見えているから、むしろ同じ轍を踏むのを避けてルーティンワークに戻ることになったりする。

だから住宅公団はダメなんだ、と決めつけるわけにもいかない。そのころの建設戸数を考えてみれば、住戸の標準設計を守り、ひたすら棟を並べていくのがせいいっぱいだっただろう。その結果、どこまでも同じ中層板状棟の壁と窓が続き、めだつランドマークといえば給水塔ぐらいしかないという、新しい日本の住宅団地風景が全国いたるところに出現した。

だから百草団地だって、見ればあっと驚くわけではない。どこが?と思うくらいあたりまえかもしれない。南北に長くひろがる丘陵地帯に二千三百九十八戸の町だが、傾斜面がほとんどそっくり生かされているので、ゆるやかな坂道や階段が場所を選んで迂回したり曲げられたりしながら附けられ、当然そのあいだに緑が多く残されている。画一的な住棟配置にも当然ならない。百五十から百八十戸ほどでひとまとまりになっている。それがよくわかるのは、これが最大の特徴だが、住棟を囲み配置にして内側に中庭や遊び場がつくられているからだ。ひとつひとつの棟は板状だが、四棟から、七、八棟が短いブリッジで結ばれている。肩を組んだまま庭のまわりを囲んだり、デコボコ道に並んだりしているので、道や庭の形が住棟に伝わり、つまり建物を見ているだけでも、この町の立体的な地形を感じとれる。

囲うといっても、中庭は強く閉じているわけではない。あいまいに開かれている。だからベンチに座って

前ページ・公団職員用の階段状住宅（日野市側）。

いても安心して落ち着ける。三十年という歳月の落ち着きでもあるだろう。最近の住宅団地の意欲的な計画には、囲みをもっと強めて、街路型、つまり欧米の都市型集合住宅のように街路に面してファサードが立ちあがり、その内側に閉じた中庭を抱える構成にまで徹底したものもあるが、どうしてもデザインされたという印象も強くなってしまう。むつかしいところだ。

この団地で、敷地の傾斜面を生かす意欲に並々ならぬものを感じるのは、いちばん端のほうにちょっと離れて位置している階段状住宅である。二棟というか二列というか、公団職員用に試験的につくられた。当時は丘陵地開発にさいして階段状住宅の可能性がいろいろと検討された。スイスやドイツ、北欧などの、日本でもぜひやってみたいと思うようなお手本例が続々と紹介されていたころである。

ここの工事中に取材に来たときは、丸裸になった斜面を躯体だけができたその壁沿いに登っていって、フウフウいってしまった。階段数はたかが知れていたが、荒野の実験場みたいな感じにおそれいったのかもしれない。段状住宅にすると配管配線も長くなるし、外構にも費用がかさむから、この二棟きりでおしまいかなと、案内してくれた人が思案顔で話してくれたような覚えがある。

今度来てみると、それが目の前にいまもちゃんとあり、段々状ヴェランダにひるがえっている洗濯物にもどこか風情がある。土がむき出しだった斜面は濃い緑にいちめんおおわれている。けれど団地の町から意味ありげに隔離されたような印象はいっそう強くなった。あいだを埋める何かの計画が頓挫したままの姿なのかもしれない。道もここで終わりになっていて、背後は林。別荘団地みたいにも見え、この団地に住むならここがいちばん、と勝手に思いながら、林と道との境界で子どもたちが遊んでいるのを眺めた。

さらに大胆な試みが見られるのは、団地のほぼ中央に位置しているコミュニティ・センターのデザインである。カボチャと瓢箪型の建物（郵便局と銀行）を車道に面して並べ、それをコの字型の建物（一階にマーケットと店舗、店舗の二階はクリニック、図書館、集会所など）が

MOGUSADANCHI·S·C

槇文彦設計のコミュニティセンター（日野市側）。

囲っている。その隙間が広場である。そしてこれがユニークなのだが、コの字型棟の最上階は店舗の人々が住むコートハウスの列。

入口部分が坪庭みたいになっている。このエントランス・コートを入ると、ダイニング・キッチンがあり、その奥に第二のコート、ヴェランダがある。いわゆる2DKだが間取りの構成が明快で、ずらっと並ぶと巨大なハモニカみたいな、壁と開口部にメリハリのきいた表情がついている。

いまは銀行は増築されて瓢箪の形が見えにくくなり、肝心要の広場ときたら大屋根でおおわれてしまったが、できた当初は色鮮やかな日除けテントが店から張り出し、建物全体は白く塗られていたから、地中海ふう広場とでもいえる気分がただよっていた。

このセンターの設計者は槇文彦。

代官山ヒルサイドテラスを三十年以上にわたって、いまも断続的につくりつづけている建築家だが、この百草のセンターと同時期に代官山第一期の住棟と店舗が実現している。当時槇さんに書いてもらった原稿には十枚ほどのカラー写真がそえられていたが、それは東南アジアや地中海沿岸の町の市場風景を槇さん自ら撮影したもので、建物はなく、テントやあり合わせの布を継ぎ足してつくった柔らかな天蓋だけが、どこまでも続いていた。

同じころ、「コンペイトウ」という名の建築学生のグループが、アメ横の迷路的な店舗構成や仮設の仕組みを、ことこまかに調査していた。「建築」が置き去りにした部分に、かれらの関心は集中していたのである。そのなかのひとり元倉眞琴は、のちに槇さんのオフィスに入り代官山ヒルサイドテラスの設計に参加する。独立してからの仕事も柔軟な集合住宅づくりがとりわけ評価されている。ついでに言えば、もうひとりの井出建も集合住宅の研究と設計を手堅くマイペースで持続させている。さらにもうひとりは松山巖。その評論活動を、どうしても私はアメ横調査の地点からいつも見るくせがついてしまっている。

広場のテントはなくなったが、店舗の人たちは最上階の通路に、いまも洗濯物やふとんを干して健在だ。

バス停「百草団地前」付近（多摩市側）。百草団地の入居が始まったのは1970年。

雲の上に洗濯物を並べているような眺めで、それは、公団もこんな集合住宅までつくった時代があったのだという、遠い夢を見ている気持ちに重なってくる。

センターの前にはバス停があり、その背後の団地内でいちばん高い丘の上に高層のポイントタワーが五棟、これがランドマークといえなくもない。

買いもの途中の奥様方に訊くと、交通の便は年を追ってよくなり、あとは多摩センター行きのバスが出ればいうことなし。住民間の交流も活発で、コミュニティ・センターの二階はバザーや文化会によく使われている。住棟の一階を高齢者向きに手直しする試みも始められている。賃貸棟の家賃も安い。

それでも引っ越してゆく家族は少なくないという。

ここまで成熟したかに見える団地でも、十全の定住社会になりにくい。「郊外」のむつかしさである。それは東京圏だけの、あるいは日本だけの問題ではなく、パリにもロンドンにも郊外はある。そっちでも、形態やスケールの操作、色彩計画などで都市の再構築を模索している。

一九九九年二月

公団高島平団地

「三一号棟のこの階、とくに端の階段室のところに来られる人が多かったんですよ」

鈴木弘子さんの話は、いきなりそんな調子で始まったのだが、私には何のことかすぐわかった。というのも鈴木さんにインタヴューするに際して、このことにはふれないでおくべきかどうかずっと迷っていたからだ。公団住宅高島平団地はかつて飛び降り自殺の「名所」になっていて、両者はほとんど同義語のように語られることがあったのだ。

鈴木さんのほうからこの話がまず出てきた意味はおいおいわかってくるのだが、いずれにしても飛び降りるのはここの住民ではなく、外部からやってきた人がほとんどだったという。二十世紀はじめ、華厳の滝に身を投げて多くの後追いを出した一高生、藤村操の言う「曰く『不可解』」にいまだに魅せられつづけているのかもしれないが、日本人にとって山中の滝などではなく日常生活の狭間に、身をさらせる高所が劇的に出現したのは、高島平団地がはじめてであったのかもしれない。

江戸時代は一面の湿原、明治以降は東京圏内有数の穀倉地帯だった。第二次大戦後の時代の流れは農地の荒廃を押しとどめることができず、宅地化への転身をはかる。昭和三十七年（一九六二）までに地主五百五十七名、約五十一万坪のとりまとめに成功し、日本住宅公団に売却された。団地計画は六七年、当初は五千戸程度の規模だったのが、公団に課せられた戸数を消化するために倍の約一万戸に変更。人口三万の団地となった。それでも七二年から始まった入居の競争率は、高いところでは三千倍にもなったという。

高島平団地の特筆すべき点は、この稠密さと、公団主導の開発事業として一気呵成に造りあげたスピードである。しかも公団の予測を超えて、入居者は若い世代が多かった。団塊の世代である。ほとんど荒野といっていいところに一夜にして地方の市域規模の住居都市が誕生し、子どもたちもいっせいに誕生し、保育園や保健所に長い長い列ができ、各種店舗やスーパーを磁石のように引きつけた。建物も人も全力疾走で入ってきた。夢の、同時に奇妙な夢の、ともいえる都市で

前ページ・団地外観。

ある。オイルショック時のトイレットペーパー・パニックをイメージとして全国の日本人の脳に送りこんだのもこの団地であるとするならば、つまりは日本の生活像の発信地だった。

これが、長いあいだ固定観念となっていた高島平団地である。同じように大規模な練馬の光が丘団地と比較した資料を見ると、グラントハイツ（米軍家族宿舎）の跡地利用という背景、住民参加の町づくりというプロセス、段階的な入居態勢といった手順を踏んだ光が丘は、入居開始は大幅に遅れはしたが、公園や店舗・文化施設を十分に取り込み、ポイントタワーを加えた表情の柔らかい住棟の配置や周辺との調和もよく考えられたということになっている。

住んでみなければなんとも言えないが、たしかに光が丘には優等生的な、いかにも団地の明るさが感じられる。しかしそのぶんいささか退屈であるのに比べて、高島平には公共住宅の容赦なき直截さ、ゴツさが歴然としていて、いまみたいに日本の都市環境がどこもかしこもファンシーになってしまったなかでは、思いがけなく新鮮なのである。

今回訪問した鈴木弘子さんの住戸は3DK。賃貸だが家賃に見合う収入が必要とされたために、当選しても入居をあきらめた者も多かったらしい。ここの人口密度の高さは、前にふれた戸数消化のやりくりで、1DK、2DKの狭小住戸をそろえたことによる。だから七二年から入居している団地でも古株の鈴木さんのように、すっかり根を下ろしている定住者と、一時しのぎで入退居する若い家族との二重構造が、かえってそれなりの落ち着きと活気を生み出していると見ていいのだろう。

鈴木さんがここに住み始めたときは、夫婦といちばん上は高校生の子ども四人だったから、3DKでも広いとは言えなかった。息子たちと娘の部屋を間仕切る必要があったり、各自のロッカーを確保したり。ご主人は模様替え大好き人間で、襖も畳も四年周期ぐらいで張り直し、床には絨毯を敷いてみたり食堂を椅子・テーブルにしてみたりと、いろいろと試みての結論は「いちばん落ち着くのは畳なんですね」。

ネット
うえにおりないこと

団地室内。
右ページ・棟内の吹き抜け部分。

子どもたちがそれぞれの家庭をもって独立し、六年前にご主人が亡くなられて現在はひとり暮らし。たまに子どもと孫たちが集まると総勢十七人のにぎわいとなるが、ふだんは「ほんと、楽」。それでもできるだけ広く使うために、要らない襖は外して部屋の隅にまとめて置いてある。

「うちに来られる方も明るくて気持ちがいいと言われますから」。鈴木さんはこの地区の民生委員を、もう二十年近くも務めておられる。だからこの住まいはそのまま相談室にもなっていて、訪ねてくる人が心を開いて話せるようなしつらえが配慮されているのだ。

訊いてみると民生委員の役割というのは、ほんと大変だ。相談ごとはまず生活が苦しいこと、そして赤ちゃんから年寄りまでの問題全部。生活保護といっても手続きは簡単じゃないから役所に同伴して頼みにいったり、家賃滞納の人には裁判所まで附き合ったり、何か事があれば夜中でもその家まで飛んでゆく。鍵や財産まで預かることがあるし、またどの家も鈴木さんの電話番号を控えている。「駆け込み寺みたいなもの」と鈴木さんは言うが、同時に福祉の世話になるのは恥、みたいな意識はだれにもあるから、民生委員として訪問すると怒り出す人がいるし、相談に来ている人ではスーパーなどで会ってもそ知らぬ顔をしたり。

こうした話を具体的な例はいっさい出さずにされるので概略を知るだけだが、それだけに飛び降り自殺が多かったころ（統計を見ると、ある年は五十件以上！）は、他人事ではすまされなかっただろう。この団地の特異な風景として、三階以上の外廊下側は一面、鉄のフェンスが張られているが、昭和五十六年（一九八一）に設置された飛び降り防止柵である。曲線があしらわれている。ふつうの鉄格子だったら団地全体が牢獄めいてしまうのを嫌ってのことにちがいないが、各住棟を構成するぶっきらぼうな建築言語のなかで唯一装飾的要素となっているこのフェンスは、隠すべきものを、もっとも手っとり早い表現効果をもつものによって隠そうとしてしまっているわけで、この自家撞着的な部分に、住民の心的アレルギーが発疹しているようでもある。

香港などのアパートメントのヴェランダも鉄格子で覆われているが、見え方はまるで違う。既製品を用いている点では同じだが、そこに住む一軒一軒の選択やそれに加えられた手の違いが歴然としている。細い格子や太い格子、飾りのあるもの色を塗ったもの、香港では格子によってこそ多様な生活を垣間見せる。しかも高島平のように勝手に外からやってきた者が自分の勝手で飛び降りるのを防ぐのではない。外から猿のように伝ってくる侵入者を防ぐ装置である。だから私的領域を守る表情がじつにシンプルで、共有の通路におけるような、管理が行き届いているからこそ隠さねばならない痛ましさがない。

いまでは、自殺騒ぎはむかしばなしとなった。死の高さへの誘惑は、なくなったというよりこの東京に遍在して、ここの特別な場所性は薄らいだのだろう。しかし一方、当初から不足がちだった駐車場を増設するために樹木が抜かれている。ペットはあいかわらず禁止なので、犬も猫も小鳥もいない現在約六万人の大都市である。

「最初のころは、地方から来ていきなりここの住民になった人も多かったから、隣り近所同士ですんなり親しくなることもできずに、心を閉ざしたっきりの人がいましたよ。当時は県人会などもあったりして、団地のなかでももうひとつ別の寄り合いがつくられていたんですね。四季おりおりの服装も、それぞれの邦《くに》での過ごし方をここでも通して生活しているから、地方色豊かでね」

鈴木さんは団地全体を見ていたのである。

「このヴェランダに立つと、以前は駅までの道がまるごと見えたのよ。朝八時には大勢の人が吸い込まれるように駅にいっせいに入っていく。夕方には駅から人の波があふれ出て団地内に入り、それぞれの家にまた吸い込まれていく。いろいろな方の相談にのっている私の経験を通して見ると、毎日を楽しんだり辛かったり、同じ人生じゃないのに、このときだけはみんな同じ動きをしている。団地にしかない光景ですね」

集合住宅とは、東京の同義語でもあった。

二〇〇一年三月

白鬚東地区防災拠点

昭和三十九年（一九六四）。十月十日のオリンピック開催を目前にして東京都心から西側の都市大改造が進められていた六月十六日、新潟が大地震に襲われる。東京の防災対策を本格的に進める引き金となった。都心から東側の江東デルタ地区が新潟被災地域の立地条件などと重ねられ、建設省住宅局による「ゼロメートル市街地防災拠点整備方式樹立調査」が、江東防災拠点再開発構想に結びつく。

十六の拠点が拾いあげられる。しかし島状に点在する拠点を固めても、推計される生存率があまりに低いために、各拠点をつなぐような形で江東地区全体を十字に区切る、幅半キロ、長さが東西五・五キロ、南北一二キロの防災ベルト構想にまで発展する。

東京大学都市工学部高山英華研究室によって提案された。その担当研究員だった村上處直《すみなお》さんに、当時の事情をあらためて訊いた。

ベルト型にすれば、その内部で移動できるし、活動能力も低下しない。つまり「守るだけでなく、攻めて出て」消せない火も消すことができるのだと村上さんはいう。しかし財政的にはそのまま建設するわけにはいかないし、時間もかかる。結局は六拠点をあらためて位置づけし、再開発基本構想として確定した。後戻りはしたがこれで実現への道が開け、この白鬚東地区防災拠点が当時の都市防災計画の成果を集約するかたちで出現した。オリンピックの二年後に十六拠点構想が提案され、その十二年後の昭和五十三年（一九七八）に姿を現した高層住宅は、昭和五十七年（一九八二）に全棟が完成する。

私事になるが、私が編集することになった『都市住宅』がスタートしたのは、右の防災ベルト構想が絵になった時期にたまたま重なる。創刊第二号で、その特集を組んだ。それが世に出たとたんに、それまでは一研究につき百万から二百万ちょっとしか出なかった都からの研究補助費が一億六千万になった。都市大火モデル火災実験、人工地震波の実験調査などが一挙に動き始めた。

「あの特集がなかったら、江東防災拠点もなかったよ」と村上さんはいってくれるが、逆にいえばそれほど

前ページ・２号棟屋上からみた「壁」の連なり。
左手はドレッチャー・タンク。

「攻める」手がかりがほかになかったということだろう。しかし個々の構築物の安全確保の技術は開発されていた。しかし「実際の災害は、それら防災技術の間を縫って起こっている」と、その特集の巻頭言は強調する。村上さんの持論である。

一・五キロの長さにわたる高層の壁は、いかにも火の海をブロックする単純明快な形に見えてしまうが、肝心の防災技術はむしろ目に映りにくい。「いちばん大切なのは、ここでは住宅も工業団地も公園も一体性が計られていること」で、それは各省庁がタテ割りの予算で事を済ますのではなく、全員が一堂に会す委員会をもった結果である。つまり他はいざ知らず、防災だけは話し合わなければ何もつくれない。すべてが一体化しなければ防災拠点にならないのである。

全千八百六十九戸。公営住宅が中心だから家賃福祉にからめてそのままやると住宅の質が決まってしまう。防災住棟だからそれでは意味がない。村上さんはその理由を通すためにも、またもや、あちこちを駆けずり回ることになる。「これはもう、工学的な活動とはいえないね」

住棟自体は、鉄骨鉄筋コンクリート造、十三階建てが十八棟連なる。六ブロックに分かれ、白鬚橋門、寺島門、水神門、梅若門、鐘淵門の五つのゲートが避難場所への入口を大きく指し示している。シャッターを下ろせば全体が連携した防火壁となる。

五階の通路は広い。中間台地と呼ばれている。上階の住人たちもここまで降りてくれば、あとはゲートの近くに設けられた段状住棟の屋上を伝って避難できる。この棟最上階に監視塔がある。つまり、ゲート、段状住棟、監視塔がセットになって五ヵ所。それが長い長い建物の視覚上のアクセントにもなっているし、表の通りと、裏の公園や学校、隅田川神社や木母寺を結ぶ地域の生活の結節点ともなっている。

全住戸には防災庇とシャッター、室内にはスプリンクラー、防災用エレベーター七基、ゲート前および広場散水用放水銃四十基。三ヵ所のベース拠点・監視室では係員が二十四時間待機し、非常時には全ブロックが通じている地下連絡通路「トレンチ」によって機材

上・監視デッキから江東デルタ地帯を望む。
下・地下通路。
左ページ・6、7号棟前、隅田川神社の鳥居

6
7
隅田川神社参道

の運搬、連絡が可能だ。

　設計は東京都都市防災本部、東京都住宅局、日建設計。しかしふつうの公共住宅に、基礎を絶対安全なものにし防災の重装備をプラスしたもの、だけではないはずである。遠目に見れば特異な表情があるわけでもないこの「要塞」は、設計者にとって未知の建築に等しく、それは建物だけではなく、むかしからの生活の骨格を残す地区づくりについてもさらに大きな努力を要するものであったことは想像に難くない。

　村上さんの役割は、彼自身は自分のこととなると話しにくそうなので、はっきりとはわからない。ただ興味深いのは、彼ははじめから都市防災を研究していたのではない。そもそも音響の問題などを扱う建築計画原論が専門で、実際に音楽ホールや体育館の音響を独自の視点から手がけたりしていた。そのまま続けていたら日本のホールは変わったかもしれないという声もある。要するに空間のきわめて微妙な形や、光や湿度の要因から、人間同士のコミュニケーション、たとえばいかに声をかけ合うことがスムーズにいくかといったことまで考えていた。その先の展開として、環境計画原論ともいうべき、より包括的な学問体系をめざしていたのも当然だろう。

　かつて江東デルタの防災構想の取材を機にはじめて会った村上さんに、想定される震災時の都市内を走る火のダイナミズムの恐ろしさについて教えられたときのショックはいまも忘れられない。それは私たちが日常体験している火の動きがただ強力になることではなく、思いもかけない狡猾さ残忍さで都市を消滅させ人間の生命に迫る、災害自らの意志が働いているとしか思えないような、死の活動だった。

　そのような、たとえば火の動きには、空気の流れや湿気、川や緑地や空地までが関わっている。個々の計測ではなく全体を環境として見抜くホールの音響設計

設置された放水銃

監視デッキ下の段状住棟。

に似た姿勢が、この防災拠点にもあるとしたら、村上さんの関わり方は多少なりとも想像できるのである。白鬚東の特別な防災設計は、この後の防災拠点づくりにどう継承されているのか。「何もないね」と返事はにべもない。この拠点実現には、とにかく理由書をいくつも書いて特例を認めてもらった。ただし「白鬚東に限り」と一筆入れることが条件だった、と。

日本の社会は金でまわっている。けれどもほんとうに必要なのは知恵なのだ、と村上さんはいう。町づくりは人間がいちばん大切なのに、阪神大震災を見なさい、町にいた人たちは帰ってこない。帰れない。人間がいなければ町にならない。医者だったら、ほんのわずかの神経でも残ってさえいれば、それを生かそうとするでしょう。ロボットに置き換えようとはしないでしょう?

不意に自分自身のことに思いいたった。生まれ育った下北沢の町が焼夷弾で焼失して以来今日まで、隣り近所にいただれとも再会していないことを。

一九九九年一月

王子
さくら新道

小料理
三楽
TEL 3917-2552
Bar リーベ
スナック
忍
秀楽
リーベ

飲食店で、いちばん長く付き合っているのはどこかといえば、新宿西口、線路沿いの横丁にある岐阜屋だ。学生のころ、ラーメンを食べるといえばここしかなかった。平成十一年（一九九九）十一月に全焼。隣りが火元だったからひとたまりもなかったが、翌年の二月十八日には再開。たまたまその日に行って、店内の基本構成はもとより壁に貼られた品書きまでほとんどそのままに復元されていたことに感動した。庶民の草の根文化財としての自覚を堅持している証拠、なんて思ってしまう。

　この横丁について書き始めたのは、それぞれの二階はどう使っているのかが気になっていたからで、もし住まいにしているのならいつかは取材させてもらいたいと思いつつ、ためらっているうちに二十八店もが被災してしまった。新聞の報道によると、火元の二階は倉庫兼更衣室として家族が使っていたという。住宅地図を見ても、この一画はただ西口飲食店街とだけ記されて、個々の区割りは明示されていない。無理にこじあけて中身を見るのは遠慮したい、あくまでただの客のままでいたい気持ちもあった。

　ＪＲ渋谷駅の原宿寄り線路沿いにものんべえ横丁がある。ここも住宅地図にはブロックの輪郭が示されているだけだが、たまに寄ってみた一軒でそれとなく訊いてみると、ふたりぐらい二階に寝泊りしている店があることはあるらしい。「こんなところで」よくもまあ眠れるものだと言いたげなおかみさんの顔つきである。たしかに、男女を問わず若い従業員だったりしたらなおさら、その人にとってはさびしい住まいだろう。

　もう一ヵ所、何度か訪ねてはいるがいつも日が高いときで、肝心の火点しごろからは顔を出す機会のなかった飲み屋横丁がある。それがこの、王子「さくら新道」。やはり線路沿い。

　電車がＪＲ王子駅にさしかかるときに飛鳥山を背に並んでいる三棟が、いやでも目についた。まわりにこれ以外の建物が見えないうえに、三棟ともそろって屋根のところが看板のような長大な壁になっている。そこを破って壁抜け男みたいに部屋がポツポツと顔をのぞかせている。なんの建物なのか、何度見ても気にな

前ページ・さくら新道を見通す。

JR王子駅ホームから、さくら新道背面を望む。その向こうが飛鳥山公園。

るので、ある日駅を降りて、やっと確かめた。

厳密には横丁とはいえない。手前に一、二軒の建物があるが、「さくら新道」を形成する二十軒足らずは、三棟に分かれ一列縦隊で線路の土手にくっつくように並んでいるだけ。表側つまり店が顔を出している道は鬱蒼たる飛鳥山の裾。森のなかに連れこまれて置き去りにされた子どもたちみたいな風情でもある。

結論をいえば、だから一度は飲みに来たい。盛り場の一画に紛れこむのとはちがう楽しさ。離れ小島みたいだが、駅はすぐ隣りで終電まで待ってくれている。

そして新宿や渋谷の横丁と違ういちばんの特徴は、なによりも生活感に満たされていることだ。棟と棟のあいだを抜けた突き当たりは、線路の土手の緑を背景にした水場。晴れた日の二階は洗濯物の満艦飾で、そこから飲み屋食べ物屋の看板が遠慮がちに昼の素顔を出している。あきらかに住まわれている場所だ。

「そのとおり、集合住宅なんですよ、ここは」と、バー「リーベ」の長谷川道子さんは言う。ここの組合長さんである。

「リーベ」３階にあたる屋根裏部屋。
右ページ上・２階の居住スペース。
下・１階「リーベ」店内。

王子駅は東口を出たところが駅前広場になっているが、その一画に柳小路と呼ばれる飲食店街がある。終戦直後は闇市になっていた。その区画整理の際、抽選に当たった店は残り、それ以外は駅の反対側の国有地に移るよう指示された。そこがさくら新道である。現在は飛鳥山公園が王子一丁目一番地、さくら新道が三番地だが、当時はこちらのほうが一番地。しかし店の前は舗装もされず、泥道の先はどんづまりというありさまだったらしい。

王子といえば製紙と印刷の町だが、宝酒造もここにあった。なのに駅周辺にはちゃんとしたバーがない。応援するからやってくれないかと宝酒造に頼みこまれて、じゃあ三年間だけという期限つきで長谷川さんが店を開けたのが昭和三十四年（一九五九）。最初は宝のブランドの名をとって「キング・バー」とした。まったくの未経験だったので、「話が決まってからは、日本橋や銀座、いろいろなところに宝さんに連れていかれて、グラスから灰皿からおしぼりの扱いから、ひとつひとつ教わってね」。いざ始めてみると、性に合ったというかおもしろくなって、三年どころか現在にまでおよんでいるわけだが、客あしらいのうまさだけでなく、役所などとの交渉でもこの人はうってつけにちがいないと、話を聞きながら思った。

新宿西口と同じように、もと小便横丁《しょんべん》と呼ばれていた。なにしろ自然が呼べばすぐ店の前に出て応えられる立地である。うまい具合に溝まである。店側にしてみればまずいことだし不潔だから、それまで汚水は第二棟と第三棟とのあいだに巨大なタンクを据え、バキューム・カーで処理してもらっていたのだが、まず溝に蓋をすると同時に下水管を通してもらった。

だいたい、ここは山ぐるみ駅ぐるみ水に弱かったようだ。飛鳥山への坂には寿司屋、そば屋、不動産屋などがずらっと店を出していたが、台風で土砂崩れが起き、全部よそに移っていった。また、駅周辺が水びたしになる雨の晩には、濡れねずみたちが線路をこえて新道の店々に、飲む口実も兼ねて避難してくる始末。結局、再度上下水道の本格的な工事を行った。このときは、一階は骨組だけ残して壁などを全部取り壊し、床を嵩上げしたりしてようやく落ち着いたが、その結果ドアが寸足らずになってしまったりと、後遺症はいまも残っている。

そういえば、屋根の上に見える長い壁はなんですかと訊くと、やはり看板としてつくったものだった。それも、競艇や競輪の。ところが東京オリンピックの際に景観を損ねるという理由で、肝心の文字や絵を描くのはまかりならんと都がストップをかけたらしい。役所の指導が奇観になっているわけだが、長屋建築としては竜骨みたいな立派な構造体にも見えておもしろい。

表側は二階が半間ずついっせいに張り出している。申し合わせたようにそろって見えるが、この増築は各戸別々に行ってきた結果らしい。だからもちろん、なかの階段の位置や造りも少しずつ違う。屋根の補修や電気水道、外灯などは組合費でまかなっている。

その看板を頭の上にのせた二階に上がると、いっぺんに視界が広がる。飛鳥山側は花と緑が窓際に迫っている。反対側はコンパクトな台所と浴室を通して、王子駅のプラットホームが思いがけないほど目と鼻の先。手前に宇都宮線、高崎線、京浜東北線、奥に東北・上越新幹線の行き来を堪能できる。風呂に入ったまま、駅頭の人間模様を観察することもあるにちがいない。さらに屋根裏への階段をのぼれば、例の壁抜け男ふうの小さな部屋がある。なんという贅沢な住まい。

以前はみんなこの二階に住んでいた。外に家をもつことになったところでも通いは少なかったらしい。いまは商売をやらなくなっても店を人に貸して上に住んでいたり、一階も居室に改装してまるごと住居にしていたり、とにかくそれで「集合住宅ですよ」のかたちになっている。

江戸期からの名勝と、JRと王子線と地下鉄と石神井川と隧道と、都市のインフラの一大交流点のただなかにあって、明治通りの向こうの岸町と一体だったのがガードレールで引き裂かれた現在の姿は、行政の町づくりの波に翻弄されているようにみえてはいるが、命綱は離さない。全然へこたれない若々しい長谷川さんは現在、娘三人孫六人曾孫二人。今度こそ行くのは日が落ちてからだ。

二〇〇〇年十月

旧目白台アパート

目白駅の改札口は、池袋寄りの端にひとつだけある。だからプラットホームからそこへの階段を昇るときにいつも、この駅は目白通りという頸から下げられたペンダントみたいだなという気持ちになる。となると、右のバストには前に紹介した旧学習院昭和寮があり、左には当の学習院大学のキャンパスがあることになる。

その胸元をさらに上にたどると、つまり改札口を出るなり目白通りを横断し、右手に山手線を見下ろす崖っぷちを歩き始めるとすぐ、三春堂という小さな現代クラフトと書籍の店がある。店主は長い付きあいの、安藤三春さん。

先日、旧昭和寮の取材を終え、門を出て目白通りに向かって歩いていたら、突然目の前のマンションからその安藤さんが飛び出してきた。三春堂の企画展示のためのギャラリーがマンションの地下にあるのだ。思いがけない出会いなのでひさしぶりに彼女の住まいまで、編・写・文の三人が同行することになった。

そのギャラリーは新宿区内。目白通りに出て、目白駅前の三春堂ショップは豊島区。それを左手に見たあと椿山荘まで足をのばすと、すぐ先に彼女の住む目白台ハウスがある。ここはもう文京区。三つの区の境界が接している界隈である。

目白台ハウスは八階建て、百二十七戸。傾斜地に建っているので正面玄関は三階にある。住友不動産が昭和三十七年（一九六二）につくった当初は、目白台アパートと呼ばれる高級賃貸集合住宅だったが、昭和五十一年（一九七六）から分譲されるようになる。安藤さんは七年前に入居。

前にここを訪ねて印象的だったのは、周辺環境の文句のつけようもないすばらしさと、部屋そのものの形のよさである。入口を入ると台所と浴室が左右にふり分けられ、その先に一部屋だけ。つまりワンルームであるにはちがいないのだが、いまどきのワンルーム・マンションの住戸のように縦に細分割した形ではないのだ。通路や水まわりを含めて十二坪足らずなのに、居室はほぼ正方形、正確には奥行四メートル、幅五・四メートルだから開口部がそれだけ大きい。バルコニ

270ページ・目白台ハウス（旧目白台アパート）
エレベーターホールから廊下を見通す。271ページ・外観。

ーも間口いっぱいの長さで、窓の外に見えたのは緑深い隣地の木々だけ。

ほかの二十坪から三十坪の広い住戸プランを見ると、これに独立した寝室を足していくだけなので、いまのマンションとあまり変わりがなくなってしまう。狭くてもいちばん魅力があるのは、安藤さんの住むワンルーム・タイプである。しかも私を現代クラフトの世界に引っぱりこんだ師匠の部屋だから国内外作家の作品群が並べられて、もうひとつのギャラリー然とした風情。そのなかで寝起きしているのだ。

さてそれで、あれこれおしゃべりしているうちに、彼女の口からびっくりするような話が出てきた。谷崎潤一郎や瀬戸内晴美がここに住んでいた時期があるらしいという。家に帰って谷崎の年譜を調べてみると、たしかに昭和三十八年（一九六三）に「この頃、文京区関口町の目白台アパートに住む」とある。これをきっかけにふたりで資料の情報交換をしながら、おおよそのことを知った。

谷崎が七十九歳で亡くなる二年前である。『瘋癲老人日記』により毎日芸術大賞を受賞する一方、『台所太平記』を刊行という、衰えを知らぬ作家活動が続くこの年に、伊豆山の邸宅雪後庵を処分して熱海の吉川英治別邸に転居。これは湯河原町吉浜に新築にかかった湘碧山房（これが終の栖となる）の完成を待ってのことだったが、工事が遅れているために目白台アパートに再転居することになった。谷崎の次女恵美子と観世栄夫の夫婦が前からここに住んでいたのである。

瀬戸内晴美がこのアパートに入居したのも、どうも同じ年らしい。男との関係がもつれて、それまで住んでいた家を出たころにこの高級アパートを見て衝動的に借りることを決めてしまった。それは「自殺と同義語のような引越しだった」（『流れのほとり』）。しかし、そこには谷崎夫妻と二人の美しいお手伝いさんが住んでいた。しかも谷崎の仕事部屋がある同じ六階に部屋を借りたので、「谷崎氏の仕事場の前を通らなければ自分の部屋にゆかれなかった。私は毎日、何度も閉じられているドアを右掌で撫で、あやかりますようにとつぶやいて通っていた」（「三つの場所」新潮日本文学アルバム

安藤三春さんの部屋。

『谷崎潤一郎』)。

河野多恵子が瀬戸内のところに遊びに来たときにも谷崎の部屋を教えたら、河野は掌で撫でるだけではすまさず、ドアにキスしたという。それはひとつ間違えて隣りの部屋だったらしいが。

この年、谷崎の健康はすぐれず、頻々と発作に襲われる。自重を強いられる日々を、アパートのすぐ下にある江戸川公園に孫と散歩したりすることで耐えていた。そのために毎朝送り迎えの自動車がくる。瀬戸内はそれを上から見ながら、なるほど文豪になると違うものだなあと思ったと語っているが、病む身にはよんどころなかったのだろう。

松子夫人は回想(『倚松庵の夢』中公文庫)のなかで、「桂男と云う自分が命名した孫に、『かっちゃんかずの子にしんの子』とからかいながらステッキを振り廻していた姿が、昨日のことのように目に浮かぶ」と書いている。神田川沿いに長くのびる、緑したたる江戸川公園を歩くと、その谷崎の姿が彷彿とする思いにとらわれる。見上げる高い梢の奥に目白台アパートの白いバルコニーの腰壁がそびえている。だが崖にとりつけられた長い鉄の階段を昇っていくのはけっこうたいへんだ。逆にいえば、椿山荘の東隣りにあるその建物がいかに恵まれた環境にあるかを物語っている。設備の充実にも谷崎は満足していた。

円地文子もここで仕事をしていた。円地訳『源氏物語』の企画が持ちこまれたときは、少なくとも谷崎先生がお元気なうちは、そんなことは私にはできないと断ったという。昭和四十二年(一九六七)秋、新潮社がこのアパートを見つけてきてくれて彼女は入居、その五、六年後に円地訳『源氏物語』が刊行されている。昭和五十年(一九七五)、その部屋に円地文子様宛でデパートから配達物が届けられたのを、新しい入居者が目にしたというから、そのころまではいたのだろう。円地文子のあとに入った人は建築史家の伊藤ていじさんである。現在も書斎に使っているが室内は企業秘密らしくて見せてくださらない。ロビーまで出てこられてひさしぶりに二時間もおしゃべりした。

伊藤さんはご自宅も茗荷谷にアパート。ぼくは亡命

ハウス裏手、神田川沿いにのびる江戸川公園。

者だから帰属意識というものがないんだよと笑っている。岐阜の大地主の、敷地内に川が流れ、いくつもの橋がかかっているような屋敷に生まれたので、小さな一戸建てなどより仮住まい的なアパートのほうがかえってマシなのだろう。

谷崎潤一郎は生涯に四十回は転居したという。東京山の手のアパートという住まいは、その遍歴のなかでは例外的に見えるが、あるところでは彼にぴったりだったのではないか。『陰翳礼讃』を書いた気持ちの陽画のようにも思えてくるのである。しかもそこに居をかまえた作家たちは、なぜか『源氏物語』に深く関わっている。

目白台ハウスはデザイン的にはクセのない、病院といってもいいような佇まいである。しかし、この一帯の地形や自然によく溶けこんで、開かれた、ある安らぎのような雰囲気に包まれている。土地の霊《ゲニウス・ロキ》が生きている。隣地で工事が始まった新しい大規模マンションがこの環境をどれほど顧慮しているか、他人事ではなく気になってくる。

二〇〇〇年七月

Olympia

原宿
コープオリンピア

原

宿駅を出てすぐのところに、欅並木の参道を見通せる歩道橋が渡されている。この上に立つといやでも目につくのが右手の、ギザギザのファサードが印象的な建物で、何十もの窓がそろってこちらに目を向けている。歩道橋を降り、ゆるい坂を下って建物の反対側の端に立って同じファサードを見ると、ダークグレイの壁一面に変わり、窓の端部のアルミサッシュだけがアクセントとして光っている。見る角度によって絵柄が一変する立体看板と同じ原理だ。

昭和四十年（一九六五）竣工の「コープオリンピア」は、線路ごしのすぐ目の前に丹下健三設計の国立屋内総合競技場が立ち上がったばかりのころ、若者たちにはまだ無縁の街で、神宮内苑の門前という意味あいが強かったが、そこに出現した高級マンションである。鉄筋コンクリート造八階建て、百六十四戸。

現在、管理組合の理事長を務める石川良輔さんは、ここから歩いてゆける距離の、小田急線代々木八幡駅近くの広壮な屋敷に住んでおられたが、そこを引き払って新しいマンションに居を構えた。「ホテル住まいになったようなものですね」。絨毯敷きつめの通路の左右に面した各住戸のドアには室番号だけがあって表札がない。まさにホテルである。外部からここに入れるのは新聞配達の人だけ。バルコニーもないから、外から見ても生活臭がほとんど感じられない。

神宮の森の聖性が表参道を通して青山通りにまでおよんでいた時代の建物である。「外壁タイルの色は道路の色と同じに、建物自体も立ち上げるというより抑えつけるようにした。あの場所柄ですからね」。設計は清水建設、担当は当時設計課長の鉾之原捷夫さん。この機会にはじめてお目にかかった鉾之原さんは、先例の少なかった高級民間集合住宅の設計意図をそう説明する。彼はかの三島由紀夫邸も手がけた。どんな意匠、様式も自在にこなす建築家として高名だった。

当時、マンションの建設に際してここまで環境に配慮していた一例ともいえる。一方、住戸構成の考え方の斬新さは空前絶後であったといっていい。前にも書いたように中廊下式。そこに表通り側も裏側も櫛歯状に住戸が取り附いている。一単位約三・七×七・二メ

前ページ・専用駐車場よりコープオリンピア正面を見上げる。

表参道側の「絵柄」。

ートルだが、客は必要と資金に応じて、何単位かを買う。中廊下を跨いで表から裏に抜ける住戸も用意されていた。この住戸は同じ階に入口部分がとれないから上階か下階に入口のある住戸単位を加えることになる。つまりメゾネットである。

たとえば五階の入口から入り、内階段で六階にあるいは四階に連絡する。ル・コルビュジエのユニテの考え方と同じだが、柱梁の構造体、すなわちラーメン構造だからもっと自由である。仕切るのも取り外すのも原則としては可能だ。それは昨今のマンションのように多様な住戸タイプをあらかじめおそろえしてございます、ということではない。客の要求に応じてフレキシブルに陣地取りをしていくわけだから、「営業の人たちはたいへんだった。住戸単位の組み合わせが複雑で、しかも固定していないのだから、どこが売却済みでどこが空いているのかわからなくなってしまう」と鉾之原さんは苦笑していたが、集合住宅だからこそほしい、こうした自由な住戸の組み合わせは、高級分譲マンション登場の時代に、当然の基本として計画され、

廊下（中廊下型）。
右ページ上・1階フロント。
居住者の郵便、車のキーはいったんここに預けられる。
ホテルさながら独自の管理組合が24時間体制で対応。
下・ベッドルーム。居住者の親戚や知人のための宿泊施設。

実施されたのである。

ふたたび、石川理事長の説明を聞く。最小単位九坪として、各戸の面積に応じて空調費・管理費を納める仕組みになっている。集中冷暖房、給湯完備だから、居ても居なくても部屋は呼吸しているわけである。経営は、当初は外部の組織に委ねていたが、紆余曲折の末、居住者側の自主的な管理体制が確立されていった。区分所有者法ができた後のことである。月一回の総会で維持管理に必要な予算を立てるようになったわけだが、そうした体制づくりの過程で、所有者全体の顔も見えてきた。高名な企業人、学者、アーティスト、俳優たちが、この場所と建物を選んでいたのだ。

建物は参道に沿って長く、原宿駅側の端部が折れて、そのまま山手線に平行に、続く棟が短く伸びている。その鋭角の内側に囲われた中庭が駐車場として使われている。高級マンションという先入観からすると意外に手狭だが、要するに自家用車のためのスペースがまだそれほど必要とされていなかった時代である。だから現在は二重駐車もやむをえない。そのために二十四時間体制で車の出し入れが管理されている。鋭角の部分に駐車管理のコーナーがあり、その奥に、これまたホテルのフロント然としたメインロビーがある。

その支配人ともいうべき管理部長の横内英夫さんは、若い女性のスタッフと、居住者・外来者の出入りチェックその他を「人的に」行っている。オートロック方式なんかではない。それに、先ほどの駐車管理をはじめ、警備、建物のメンテナンスまで、長年の経験からこの集合住宅の隅々まで知りつくしているビーエムオリンピアという管理会社が引き受けているから、横内さんの役割は、新たに発生する問題への対処と、この先どのような維持管理システムが必要かを先取りしつつ考えていく頭脳なのである。たとえば一階の中華レストランの客が裏階段から屋上に出てしまうこともあるという。となると各住戸のフロアへも直接アクセスしてしまう可能性もあるわけで、それに対処する新たなキーシステムを横内さんは考慮中のようだった。

鉾之原さんがいう「抑えつけた」建物外観の落ち着いた印象は「下駄ばき」に見えないことにも一因があ

屋上から神宮の森を望む。手前はプール。

る。つまり地上階を店舗に明け渡した姿ではない。しかし近づいてみると、道路面から掘り下げたかたちで路地がスリット状に通っていて、料理店や喫茶店がこの半地下階に隠れるように並んでいる。スーパーマーケットもあって、かつて青山通りの紀ノ国屋に匹敵する品揃えと質を誇っていたが、いまはない。その代わりというわけでもないが、メインロビー脇の会議室で曜日と時間を決めて農家の産直即売会が開かれていたりする。

会議室はさまざまの講習会や会議に利用され、重要な共用部分をなしているが、その他にもうまい工夫がある。居住者を訪ねてくる外来客のための宿泊室で、シングルとツイン・ルームあわせて六室が利用される。理事長の石川さんの苦労は、とくに共用部分の維持管理で、雨漏りや外壁の修復、空調用のボイラーの交換や給排水パイプの取り換えなど、大きな部分に大きな経費がかかることを見越しての運営資金の上積みを確保していくことが、東京でも稀な、ストリート型高級集合住宅に住みつづけることの要点であるようだった。ボランティアで十七年、理事長を務めてきたわけだが、石川さんにとってこのシステムを若い世代に引き継ぐことが、これからの大切な仕事になるのだろう。

屋上には、物干し場も植木鉢のささやかな庭園も、そしてプール（!）もある。眼下に原宿駅、その背景に大洋のように広がる神宮の森がある。街はめまぐるしく変わり、森の先には超高層ビル群が増えたが、神苑の深まりは微動だにしていない。

一九九八年六月

三田綱町パークマンション

BRIDGESTONE
TAILOR·MADE

眼下に、というか真正面に、都内でも屈指の洋風建築がある。ジョサイア・コンドル設計の綱町三井倶楽部、しかもその見せ場である南面の連続アーチ、中央部分が柔らかく孕んだ様子がまるごと見える。

何年か、十何年かに一度ぐらい、友人知人のパーティなどに招ばれて、しめた、またあの庭園と建物にお目にかかれると、勇んで出かけていく三井倶楽部を、このリビングルームの住人、フェルケル夫妻は、朝晩、毎日、一年じゅう眺めている。

庭園の深い樹木の波が、連続アーチの建物を奥に押しやるかと思えば、またこちらへと連れ戻してくるような、生きている自然の様相は、さらに圧倒的だ。

延々と降りつづいて、木々の姿を変えていく雪を、朝から晩まで見飽きない日もあったという。八階の部屋だが、窓外の眺望があまりにも大きく開かれているので、見下ろしたり見上げたりという角度が消えてしまっている。台風のときもすばらしいし、雷が輝く日はどんなライトショーもかなわないと、雷好きのフェルケル夫人寿々栄さんは、いちにち家にいて外の光景に心奪われることの贅沢をよく知っている。

三井倶楽部の庭園は落葉樹が多いから、その季節も壮観だろう。桜満開の日の室内演奏会に招ばれて訪ねたときは、何十人ものお客さんが、子どもたちもまじえてたいへんな賑やかさだった。同じ階の住戸の家族も顔を出している。いわゆる高級マンションでのざっくばらんな交流にびっくりしてしまった。

寿々栄さんは、新宿区中落合に生まれ育ち、大家族のなかで、土にいつも触れている生活に四十年もなじんできた。何ごとにもこだわらず、心地よいのが生活にはいちばん大事だと考えているから、客を招ぶのも、一杯飲んだあとはそのまま居間のソファで眠ってしまってもいいようなもてなしをしたいという。

だから友だちが多いのだろう。神戸震災の一週間後にはもうボランティアとして、現場で見知らぬ若者たちと仲間になっていた。

八年前、ご主人の仕事の関係で香港に行き、はじめて集合住宅住まいを体験した。それも高い崖の上に建つ高層アパートの十四階である。そこに決めるまでに

前ページ・リビングルームからの眺望。コンドル設計の
三井倶楽部、その向こうに東京タワー。

19階建て2棟のマンション外観（南西の専用駐車場脇から）。

五十から七十件ほどの候補を見てまわって、市内各地区の様子や住まいの状況を把握してしまった。人や場所に親しむのに敏速なのだ。

東京のここでも、室内の調度品や美術品の選び方、写真の飾りつけなどに個性と親しみやすさが滲み出ている。それぞれの場所にぴたりと収まっているのがとくに印象的だが、寸法取りをちゃんとやっているからで、家具はヨーロッパのクラシック調を基本としているのも、この環境に合わせてとのこと。あらためて、三井倶楽部の連続アーチに眼が向く。

集合住宅に住むにしてもなじみのある地域で、と考えていた寿々栄さんは、このあたりは不案内だったが、結局はご主人の仕事場に近いことを優先した。やはり五十件ほどを下見したが、この住戸の明るさと、こまごまと仕切らない広がりは、他の物件にはなかった。

いまは庭園とのあいだに塀ができているが、もとは三井倶楽部の敷地の一部だったらしい。そこに建つ東棟と西棟の双対のポイント・タワーである。ちょうど三十年前の昭和四十三年（一九六八）、日本最初の超高

上・竣工時の原型をほぼとどめたリビングルーム（左ページ上も）。
二面（北西）いっぱいにバルコニーが張り出している。下・ベッドルーム。
左ページ下・キッチン（中央奥がリビングルーム）。

Kellogg's
コーン
フレーク

層、霞ヶ関ビルを完成させた三井不動産が、その成果を踏まえて三年後にふたたび鹿島建設と組んで「住まいの超高層化」を実現する、と当時のパンフレットに謳われている。構造設計の武藤清も、霞ヶ関ビルのときと同様に関わった。

全体が正方形プラン、それを縦横に貫く十字形の構造壁があり、エレベーターや階段室のコアにもなっている。この壁に抱かれるように四分割されたほぼ一〇メートル角の住戸が四方向に、これもパンフレットの説明を借りると「四枚の花びらのように広がる」。つまり外気に接するリビングの二面が目いっぱい開かれているわけである。

一方、閉じた二面の壁に沿って、水まわりや個室が並ぶ。

この各階プランが外部にもそのまま表れている。十九階のタワーの四面が同じデザインで、リビングから張り出したバルコニーが四隅に、コア・構造壁と明快なコントラストをなしている。つまり全住戸を南面させるという日本の集合住宅計画の常道とちょっと違っている。フェルケルさんのところのように、北西面が開かれ、南東面が閉じている住戸もある。しかし眺望を加味すれば、北側の二戸がずっといい。その事実は家賃にも反映されている。

眺めのよさという要因を外しても、アメリカなどの高級集合住宅では、一般的にはむしろ北向きの住戸から借り手、買い手がつくという。室内の仕上げや家具や美術品が太陽光で傷むのを嫌うからだ。これは住戸自体の広さにもよるし、気候風土から考えても、簡単にどちらがいいと断定はできないが、最近は日本の公営公団住宅などでも、方位より街区形成を重視して、従来の板状並行配置を避けた、住棟グルーピングの試みがめだつようになった。

フェルケルさんのところは借りているので、他の分譲住戸は改装されているケースが多いのに比べて、壁天井の仕上げなどは原状のまま。だから完成当時の様子がよくわかる。基本タイプの住戸なので、リビングは七・三メートル角の一室空間である。来客を考えてリビングを間仕切りすることも考えたが、ふだんの夫婦ふたりの生活にいちばん具合のいい、結局は広い部屋に手を加えないことですませた。

玄関ホールを除くと、寝室も台所も予備室も、すべての部屋がリビングに直接面している。部屋から部屋へ移動するときにとても楽だし、家族とも顔を合わせる機会が増える。アメリカの大学を卒業した息子さんは、向こうに居続けてときおり帰ってくる程度だから、ふたりが基本のシンプルな住まいである。

来客の多いこの家では、駐車場に余裕があることがとても助かる。おまけにホテルのツインルームと変わらないゲストルームがあるので、これもしょっちゅう利用する。メイドルーム十室も当初は分譲された。各戸別の倉庫も一階と地階にある。

脚元がしっかりしているのが、この高級マンションの安定感を印象づけている。屋上庭園を兼ねた駐車場、庭の光に恵まれた明るい玄関ロビー。「受付のお嬢さんたちがいつもきれいに粧っているから、出入りするときはこちらの服装が気になってしまうのね」

ご主人のエリッヒさんはドイツ人といっても、日本式の上下足区別の生活になんの抵抗もないし、だいたいが住まいにも食事にもまるでこだわりがないんだそうだ。毎食のポテト、夫人はご飯がそれぞれの基本だが、あとはサンマの塩焼きでもイカの塩辛でも豆腐でも文句なし。

ドイツ語と日本語と英語がチャンポンに飛び交い、出会った国々の思い出が室内を彩っている。心地よい暮らしを最上とし、借り家住まいをするからにはそのメリットを最大限に生かして、次のすみかをめざすのもまたよしと、友だちづくりの名人は言う。

綱町三井倶楽部、三田綱町パークマンションと、建物に綱町の名は刻印されているが、町名からは消えた。この三田を周囲からおしつつむ芝、白金、とくに六本木から南東一帯はすべて麻布一色の町名に染め変えられ、要するに今様お屋敷町のウリのなかで、ここだけ町名は淡泊に軽やかに国際的な、ほんとの屋敷町だ。大正のはじめ、西洋から旅してきて、ちょっと日本に滞在しているような、三井倶楽部にまた眼が向いた。

一九九八年八月

新橋

中銀カプセルタワービル

中川紀元画集
ルオー全版画

ゆりかもめに乗る機会が増えてきて、新橋駅の南に広がる汐留駅跡を漫然と眺めることも多くなった。この空地を囲んで周縁に建ち並ぶビル群も人間と一緒に、ぼんやりと中心のあるような、ないようなところを見せている。明治五年（一八七二）開通時の新橋駅の礎石などが見えるなかで、これから一挙に再開発のビル群が出現する直前の、おそろしくもある空地。

黒川紀章設計の高名な中銀カプセルタワービルもそのなかに混じっている。十一階と十三階の二本のタワーに百四十個のカプセル住戸が取り付く。昭和四十七年（一九七二）の竣工。

二本のタワーは、鉄骨鉄筋コンクリート造。階段室とエレベーター・シャフト、そしてカプセルを支える「幹」でもある。カプセルは軽量鉄骨を全溶接したトラス箱の構造体をリブ補強した鋼板で包み、防錆塗装焼き付け。内装は、FRP一体型のバスルームや空調機、冷蔵庫、流し台、デスク、電話、テレビが組み込まれたつくりつけ家具、それにほぼ間口いっぱいのベッドが、直径一・三メートルの円窓のきわに置かれる。

滋賀の工場でこれらをアセンブルして一〇〇パーセント近く完成されたカプセルが、東京まで四五〇キロの距離を運ばれてきて、タワーに高力ボルトで固定された。超コンパクト設計の住戸だから、ホテル並みに、調理と洗濯の機能は割愛されている。

ごくおおまかに紹介するとこんなことだが、形も説明も単純明快だから事は容易に進んだように思われるかもしれないが、仕上げ、寸法精度、設備配管との取り合い、運送、どれをとっても途方もなく大変なプロジェクトだったにちがいない。施工現場での調整というかゴマカシも効かない。だいたい、この場所にどういう生活や仕事の拠点を想定するか、それを最小限の住戸カプセルで対応できるかという企画そのものが大冒険だったはずだ。

しかし中銀カプセルタワー建設は断行され、そしてもう四半世紀が経った。

当時、アメリカ人の建築仲間に、なんだ、洗濯機を積み上げてどうするんだいと皮肉られたのに答えて、いやあれは日本の勤勉なサラリーマンが夜、翼を休めに

294ページ・4階よりカプセル群を見上げる。
295ページ・「アート・紀元」を経営する伊藤幸和氏の部屋。

帰ってくる愛の巣なのさ、と黒川さんが切り返したというエピソードがあるが、外から眺めると大きな円窓のせいもあって、たしかに巣箱に見える。ということは、階段やエレベーターを通って住戸に入るのではなく、空を飛んできて円窓からいきなり家のなかに入る、そんな集合住宅のように思えてしまうわけで、それがこの建物の不思議な魅力ともいえるのだ。

だから、今回じつははじめて正面玄関のドアを押して入ったのだが、ロビーがふつうにあること自体にちょっと驚いてしまったわけだ。しかも身ぎれいにして、古いけれど明るい印象のスペースだ。管理事務所のカウンターごしに目配り気配りのいい、主任の坂本次義さんの人柄のせいかもしれない。三十分もそこにいるともう、有名建築だからカメラ片手の建築家の卵が入ってきたりする。ここは立入禁止だけれど外にカプセルのショールームがあるから見ていきなさい、などと手早く誘導しつつ、顔なじみの居住者の出入りには挨拶で応じている。私たちのほうは中間階のブリッジや隣りのビルの屋上にまで案内してもらって、長年表の道路から見上げて親しんでいたのとは別な、この集合住宅の立ち姿を見ることができた。

至近距離、しかも上から見下ろすカプセルは、今度はまさに野積みにされた洗濯機みたいにもみえる。雨のなかで平らな屋根の上にわずかだが、水が溜まっている箇所があったり、そろそろ本格的な補修が必要なのだろうが、建築としての迫力は十分。

エレベーターのまわりを螺旋状に昇っていく階段室は、大木の洞《うろ》みたいな感じで、それに取り附く各住戸のドアは同一床面に並んでいない。やはり自分の巣にたどりつく気分だ。今回の取材のいちばんの楽しみは、その巣のなかの広さ、というか狭さがどういう感じなのかを確かめることだったが、一部屋を借りている画廊経営の伊藤幸和さんを訪ねて、ついに体験できた。

一階ロビー横のショールームに入ってみたときは、このスペースならまあ住めるよね、程度の印象だったが、実際に使われているカプセルはがぜん違う。スルリと身体が室内に密着しながら収まる感じが二畳台目ほどの茶室に似ている。それに不釣り合いなほど大きい円

中銀

隣のビルからの屋上部分の眺め。
右ページ上・タワー外観。下・１階ロビー。

窓の近くに寄ると、この部屋だけが東京の空に浮かんでいるような気分になる。窓のなかに住んでいる気分。やはりはじめから思っていたとおり、この窓が内と外の出入口なのだ。

横浜に自宅がある伊藤さんは、芝大門の画廊に車で通う途中、いつも渋滞気味のこのへんでこの建物を見上げておもしろいと感じていた。たまたま、ここで一部屋使っている友人の紹介でその隣りを事務所として借りることになった。驚いたのは設備・装備類の充実だったという。ワンルーム・マンションという新しい名にふさわしいスペースに隅々まで仕立てられていた。

しかし完全を期したために逆に動きがとれない。設備配管の錆や水づまりがとくに気になるが、空調機が故障でもした日には、嵌め殺し窓のなかの密閉空間はお手上げになってしまう。そんな問題がないかぎりは、隠れ家として、つまり来客も電話もシャットアウトしてひとり読書したり考えをまとめたりする書斎としてたいへんなすぐれものですよと、うらやましい感想である。

しかしどうしても気になる維持管理について、集合住宅全般にも通じる話を、ここの管理組合を組織した弁護士・税理士の山下清兵衛さんに、赤坂の事務所を訪ねてうかがった。山下さんが十数年前にカプセルのひとつを購入したのは、この立地のよさと将来の発展性を見越してのことだったが、ワンルーム・マンションの特性として、実際に住んでいる人、使っている人が少なく、維持管理への関心も薄いオーナーが、しかも全国に散っていて横の連絡もまったくない。結局、集合住宅の管理や法律の専門家でもある山下さんが、管理の会社の中銀ハウジング（中銀本社ビルもカプセルタワーと一体になっている）にも呼びかけて、理事会を開いて問題点を検討することになった。

要するに集中冷暖房、二十四時間給湯完備、管理人も常駐、設備機器の補修や取り換えの費用計算は管理会社まかせというこれまでのかたちではランニング・コストがべらぼうに高いのである。だからエアコンは部屋ごとに運転するようにしたり、補修費用の内訳を確認したりという地道な努力を積み重ねていかないと

部屋の外は新橋駅側。首都高速がすぐ目の前に。

将来は発展どころか、建物がスラム化してしまう。「区分所有者の自覚のなさは、国に対する納税者のそれと同じで、ここだけの問題ではないし、集合住宅だけの問題でもないんです」と山下さんに教えられる。

中銀カプセルタワーに限っての問題は「デザインがよすぎてメンテができない」。それは今回、間近に見てこちらも痛感したことだった。カプセルのひとつひとつの表情が際立つように分離してタワーに取り付けてある。この建築の画竜点睛の部分が、鳩の格好の居場所になる。その隙間には人が入れない。ここを塞いだらふつうの集合住宅然としまって価値は半減するだろう。これは他の現代建築でもアキレス腱になっているところだ。しかし、デザインの根本に関わる建築だけが次の時代につなぐ答えを用意しているともいえる。これから汐留の空地に櫛比する高層ビル群は、はたしてこのような現代建築のあり方に抵触する問題点を見せてくれるのか。たんにファッショナブルなビルだったら承知はしない。中銀カプセルタワーはやはり黒川紀章の代表作である。

一九九八年七月

桜台コートビレジ

東急田園都市線・青葉台駅からバスに乗ればすぐ。桜台というバス停があるから間違えることもない。竣工直後に取材にきたときは、ずっと遠く、ずっと人里から離れていた。

いまは駅からここまで街が切れ目なく続いている。逆にこの一角だけが緑を残している感じだ。桜や欅が驚くほど大きく成長して、建物の一部が隠されてしまっている。けれども斜面を縫う階段や建ち並ぶピロティや、そこから張り出された住戸群の独特の表情は変わっていない。

細長い西向きの傾斜面に、設計者が散々苦労してまとめた、低層接地形の四十戸が、戸建て住戸の連続のようにも思える風情で構成される。斜面の等高線に沿った通路から、各住戸へのアクセスが路地のようにとられている。歩を進めるにつれて、人を先へ先へと誘う、連続する家と入り組んだ道や庭は、集落と呼んでもいい。このような集合住宅は日本ではほとんど先例がなかったので、はじめて訪ねたときは興奮した。

一九七〇年度日本建築学会賞を受賞。独立して間もなかった内井昭蔵の設計。後に世田谷美術館や皇居の御所などを手がけた人である。

これまでに紹介した、原宿のコープオリンピア、三田の綱町パークマンション、銀座の中銀カプセルタワーに、これだけは都心から遠い桜台コートビレジを加えて四件の、民間企業による代表的な集合住宅は、昭和四十五年（一九七〇）前後のわずか数年間に集中して出現する。短い年月の間にも時代の流れがあり、それは高所得者層に限られていた民間分譲マンションが、より広い需要に向けて一般化していった状況を表している。いいかえれば都心から郊外へと立地が移っていくなかで、新しい集合住宅の形が考えられていた。

もっと端的にいえば、日本の都市に定着しながら、一方風当たりも強かった公営公団の墓石形（とよく言われた）の住棟やその団地に、とって代わる商品が模索されていた。

これまでの三つの集合住宅は、都区内の既成の街に組み込まれたケースだが、桜台コートビレジはもっと大きな背景を背負わされていた。当時の多摩田園都市

前ページ・敷地の外、道路側からのコートビレジ外観。

総合計画の開発拠点のひとつとして位置づけられていたのである。

新しい集合住宅の形を、ということに則していえば、場所は神奈川県だが東京のベッドタウンとしての役割を当然期待されていた。大量の住宅がつくられるとなると、丘陵地の続くこの一帯を、じゃんじゃん削って更地にして、何十万戸でも墓石形を並べていくのがいちばん間違いないやり方になる。しかし土地をそんなに大造成したら将来何が起こるかわからない。丘陵地の地形を生かした、段状構成やポイントタワーなど、いろいろな集合住宅の可能性をもっと考えるべきだと、行政、企業、建築設計、構造、設備設計の専門家が集まって検証を重ねていた。

桜台コートビレジが実現する前だったが、こうした関係者の人々によるディスカッションを、当時私が編集していた雑誌でやってもらったことがある（司会が内井さんだった）。印象的だったのは、斜面の地形を生かして集合住宅を建てることのよさが主張される以上に、その問題点が徹底して拾い出された。慎重というか、当然ながら本気だったのだ。不動産会社の担当の人が、外から見て居住者の階層がすぐわかるような集合住宅は避けたいと強調したことにも、なるほどと思った。

何十万戸のなかの数十戸だけでも集合住宅全体をいつかは変えていく力をもたせたい。内井さんはそれを拠点と呼んだ。特殊な形だけを掲げた絵看板ではなかった証拠に、桜台コートビレジには地域冷暖房システムも組み込まれていた。

一方、電車の路線は開通させたが沿線に人が住まなければ商売にはならない。少しでも早いうちに地主さんたちをその気にさせて、丘陵地帯を街にしてしまおう、という電鉄会社側の読みもあっただろう。そういう考えでの拠点計画がもし問題になるとしたら、理想を貫徹せずに、中途半端にやめたり方針を簡単に変えたりしてしまう可能性があることだ。企業の体質と断じるわけではない。国にだって自治体にだっていつも起こっていることだ。

内井さんが手がけた「拠点」は、ここの他に、すぐ

敷地の中は、3住棟に分かれた住戸の連続、
各住戸を結ぶ、斜面を縫うように配された通路、
さらに竣工直後から入居者によって始められた植栽などによって
表情豊かな迷路となっている。

近くの桜台ビレジ、それに宮崎台ビレジの三つに終わった。北大和、江田、梶ヶ谷など、駅と直結した、より大規模な複合拠点は、当時の計画どおりには実現していない。

設計次第ではこんな集合住宅もできるのだという感激が当時あまりにも強かったので、現在の桜台コートビレジを訪ねるにあたっては幻滅することもあるかもしれないと、こわいような気持ちもあった。ところが、むしろ華やいでみえる。各住戸の門から玄関、テラスに盛りつけられた植木や花の鉢が目を楽しませてくれるし、傷みやすい打ち放しコンクリートの壁は予想どおりペイント仕上げに変わってややのっぺりとはしていたが、そのぶん雰囲気が明るくなった。

居住者の方々にお話を訊いた。

入居して二十五年近く、あるいは十年前後という方もおられるが、自然が残されている風情に、あるいはユニークな建物であることに魅かれてという点では共通している。なかでも小松崎常夫さんはご自身が建築家であり、学会賞受賞の時点で見学に来られ、その後まもなく入居されて現在にいたっている。この建築を評価する一方、居住者であると同時に建築専門家として、さまざまな問題の発生にきびしく対処されてきた様子がうかがえる。

たとえば音の問題である。ひっそりとした環境だが、通路を歩くヒールの音が耳障りだったり、屋内の生活音が下階の住戸に伝わってしまったりの欠陥が生じている。これは間取りが上下階でずれていることからくる宿命かもしれないが、遮音や防音性能自体がけっして高いとはいえないのだ。

また、配管類が錆びるのも早かった。給水管の傷みの問題は完成八年後からすでに起こっている。

意欲的なデザインにしては天井が低いのが気になる。開放感をめざしたプランニングがそれをなんとか救ってはいるが。

結局は土地造成費がかかりすぎて建築工事費を圧迫したり、どこかにしわ寄せができたり無理が生じたりしている。どんなに理想的な計画でも採算ベースから大きく外れるわけにはいかない。

3号棟バルコニーからの眺望。

なんといっても最大の問題は、管理と補修である。コンクリート建築だからメンテナンス・フリーだという先入観で購入した人もいるわけで、ペイント仕上げにすることも含めての外壁補修や冷暖房・給排水設備の再生など、避けられない問題としてみんなで考え始めたとき、共同積立金はゼロだった。

ゼロから出発して、理事会をつくり、電鉄や建設会社にも補修費用を交渉して折り合いをつけ、それから先は居住者だけの努力で住まいと環境を守っていくほかないとようやく見極めたのが、桜台コートビレジの現在である。

数年前、降って湧いたような巨大マンションが、背後の森を消してしまったが、道と庭と部屋とが複雑に絡み合い、人が集まって住んできた魅力がそのまま風景となっている集合住宅は、やはり他にはめったにない財産である。理事長の大川隆夫さんに、この小さな街を案内してもらいながら、あらためてそう思った。

まだ狸の姿を見かけるという。駅から渋谷まで三十分。近くなった。

一九九八年九月

コーポラティブハウス千駄ヶ谷

コーポラティブハウス。岩波書店の『建築学用語辞典』でこの項を見ると、「新たに住宅を建てたい世帯が集まり、一緒に協力して建築する集合住宅。居住者は、自身の住戸や住棟の建築計画に直接かかわることが多い」。これに関連する「コーポラティブハウジング」の項の、居住者たちは「企画、設計から、入居、管理までを運営」という説明も付け加えよう。

このコーポラティブハウスの、最初の試みとして日本の建築界でよく知られているのが、千駄ヶ谷の実例である。昭和四十三年（一九六八）完成。

辞典の記述どおりの順序を追って紹介すると、四家族が土地探しから始めて、自分たちで設計した五階建ての鉄筋コンクリート建築を完成させた。一階はパーキングと倉庫、その上に各階一家族、四層の住居。

こんな四家族だった。

まず二階に大熊喜昌さん夫妻と子どもひとり。大阪、東京・清瀬の公団住宅を経て、ここに移る。

三階に坂下章さん夫妻、八王子の戸建て住宅から引っ越してきた。

四階の伊東久さんは下宿生活が長かった独身。

五階に山下和正さん夫妻。ふたりはヨーロッパでの生活を経て、浦和の古い二階建ての家に住んでいた。

みんな三十前後の若さだった。

しかもそろって建築家である。このうち三人が同じ大手設計事務所に勤める仲で、残る伊東さんも住宅を主に手がける設計事務所のスタッフだし、大熊夫人の賀代子さんもれっきとした建築家で、ここの基本設計をまとめて図面にしたのは彼女だった。まさに「自身の住戸や住棟の建築計画に直接かかわ」った居住者たちである。

となると一般の人たちにとってみれば、なんだかズルイような特別なケースのような気がするかもしれないけれど、ハードもソフトもふくめて、コーポラティブハウスのひととおりを知るにはかっこうの先例となった。

千駄ヶ谷は将棋会館の裏、ひっそりとした路地の奥である。みんなの仕事場が同じ、あるいはそれほど離れていなかったので、土地探しの地域も的が絞りやす

前ページ・4階、伊東家のリビングルーム。
幅広いヴェランダでは、ドジョウやメダカも飼われている。

コーポラティブハウス外観（南面）。

かった。候補地にかかる法規などを調べたり、道路との関係や方位を見たうえで、そこにどの程度の建物が建つか、見当をつけるのもお手のものだ。敷地内には庭や遊び場をつくる余裕もまずないと見極めて、それを補う周辺環境にも気を配った。結果として手に入れた敷地は、近くに小さな神社の境内や大きな公園（神宮外苑！）にも恵まれた静かな場所だった。敷地は約四十坪、各階の住居面積が二十二坪強。部屋は道路に面した南側と奥の北側とにほぼ同じヴォリュームの部屋を振り分けて、両者を結ぶ中央部分に階段と玄関と水まわり。配管が集中するこの部分と、コンクリートの躯体は固定されるが、裸の箱のままの室内は、間仕切も仕上げも各居住者が自由に設計する。そのために梁柱の位置にわずらわされない壁構造にしている。

どの階にどの家族が入るか。この入居階決定には入札の方法をとった。全体の工事金額を各階に分けた試案リストを各自でつくる。いわば評価金額である。それを集計して各階の平均値を割り出す。それに入札値段をつけて、いちばん高く評価した者がその階の入居

３階、大熊家の廊下。前方はリビングルームのドア。
左手に玄関、手前に個室がある。
左ページ上・リビングルーム。
下右・そのリビング右手にあたる台所。下左・階段。

権利を得る。

　最上階の五階には思いきり高い値をつけた山下さんが入居した。各自で自分の入居階を設計する段階で、この階は断面を変更して屋階をプラスした。エレベーターなしで階段をここまで上がってこなければならないぶん、天井の高い空間が手に入ったことになる。

　各階とも、南側の部屋はリビング中心に、北の部屋はいくつかに仕切られた寝室や和室と、家族構成に応じてアレンジされたが、少なくとも当時は、将来の家族の成長や仕事の展開に応じられる最大限にフレキシブルな住まいを手に入れたのである。

　それから三十年経った現在。

　このコーポラティブハウスに変わらず住んでいるのは大熊さん夫妻と、伊東さんである。伊東さんはやはり建築家の多津子さんと結婚されて、ふたりの設計事務所を同じ千駄ヶ谷に置いている。大熊さんも独立して自分の都市計画事務所を外にもつ。

　竣工のときの取材以来、ひさしぶりにみんなに再会して話をうかがった。

　こうした集合住宅づくりの言い出しっぺだった山下さんは、その後ここからすぐ近くに建てたビルに引っ越した。もちろん自前の設計で、住居と設計事務所が入っている。この界隈には、それ以外にも彼の設計したオフィスや会館などが多い。建物は変わったが、同じところに住んでいるといってもいい。

　その前に、三階の坂下さんの家族が新宿にビルを建てて移っていった。「ここで唯一の専業主婦だったのは、坂下さんの奥さんで、子どものことやその他いろいろと留守中の面倒を見てもらっていたんです。そんなわずらわしさもあったのかな」と、残った人たちはいまでも少し気にしている。しかし、山下さんにしても坂下さんにしても、自分で土地を探し、自分で建てる体験を拡大反復することになったわけで、そういうかたちで一度動き始めたコーポラティブハウスは作動しつづけてきたのである。

　最上階には、後にここの内装工事を手がけたのが縁で、工務店経営の円城寺さん一家が入居した。夫人が新たな専業主婦として全体にニラミを効かせてくれるようになり、またまた共稼ぎ夫婦には大助かりだ。

坂下さんの住んでいた三階には別の人が移ってきて、つくりつけの家具などできちんと内装したあと、しばらくしてまた他所に引っ越していった。

で、現在は、その三階に二階から大熊さんの家族が移ってきている。三家族のコーポラティブハウスになった。それを機会に土地を三家族の区分所有とし、空いた二階はこれも三家族の共同所有として、貸事務所にした。

将来、建物が老朽化して建て替えを考えることもあるだろうが、今度は日影規制がかかってくるから四階までしか建てられない。一階のパーキングと倉庫は不可欠だから三家族が限度となる。それを見越しての体制でもある。

結局、入居当時からまったく動いていないのは伊東さんひとり。軀体や水まわりとともに、最小限必要なものとしてパネル・ヒーティングとディスポーザーを設置したが、これをいまも使っているのは伊東さんだけらしい。ただ家族は増えた。猫も一匹。

掃除や経理は三家族の当番制だが、なんといっても気心の知れた同士だから、新しい取り決めが必要のばあいでも改まった住民会を開くわけではない。ふだんはたがいに干渉することもなく、しかし、ひとまかせということもありえない。そんなソフトがごく自然に確立されている。

この先例を見て、コーポラティブハウス建設の意欲をかきたてられた人は多い。大熊さんたちが相談にのるケースもあった。けれども、まず人が集まれば土地も探せるし建物も安くつくれるというメリットだけを見て、現実には設計者まかせで、自分たちの家だからと注文のつけ放題になってしまう。もっと大きな問題は融資制度で、個人対象になるからこれだってだれかが面倒を見なくてはならない。

自分で動く人たちだけが、コーポラティブハウスを実現できるのだ。

私たちが来ていることを聞いて、散歩から帰ってきた山下和正さんから電話があった。コーポラティブ仲間がご近所として続いている。

一九九八年十月

コーポラティブハウス乃木坂

コーポラティブハウスの実例をもうひとつ。五人が乃木坂に建てた共同ビルである。建って二十年後の現在がどうなっているかを先に報告してしまうと、リーダー格の内田繁さんの家族の住まいと、彼が友人と経営しているデザイン事務所の持ちものになっている。その経緯を話してもらった。

内田さんは旧銀座アパートの章でもちょっと登場しているけれど（七二ページ）、インテリアデザイナーである。ブティックや飲食店の企画から内容まで手がけ、家具や椅子のデザインもよく知られているが、建築設計もお手のものだ。この共同ビルを建てる前は青山の根津美術館の庭に面したアパートに住み、六本木に事務所を構えていた。

「この六本木のスペースは、友人と三人で借りていて、みんな気に入っていたんだけれど、突然その持ち主から退去願いが出された。もともと事務所に貸すつもりはなかったらしい。そのとき言われたんだけれど、こんな高い家賃を払っているのなら、いっそ自分たちで建てたらいいんじゃないかって。

ついその気になって、ほかのふたりにも声をかけ、さらにもうふたりを加えた五人で、土地探しから始めた。ぼくらのコーポラティブハウスは、まず特定のメンバーがそろったところから出発したのが特徴なんだと思う」

メンバーは次のとおり。

まず内田さんとその家族。やはりデザイナーである夫人と夫人の母堂。

以下、名前を出すと煩雑になるので失礼して略号で紹介すると、

婦人雑誌の編集者Aさん。

グラフィックデザイナーのBさん。

内田事務所のスタッフCさん。

施工会社経営のDさん。

千駄ヶ谷のばあいは、みんな建築家であるということでは「特定のメンバー」だが、乃木坂でも、こうしてみると別の意味での「特定」のようである。

「五人に共通した条件といったら、都心に住み、都心で働くこと。なじみの飲み屋に歩いていって帰ってこ

前ページ・4階書斎。中央奥のドアを出ると、ガラス張りの階段室。

コーポラティブハウス外観。竣工は1978年。

られる地域。結局、六本木界隈から離れたくないっていうことです。しかも表通りから一歩入った住宅街というわがままを通したわけだけれど、いくつかの候補地を不動産屋に探してもらい、そのなかから決めた。

最大の問題はお金の工面で、自分たちがどういう人間であるかを銀行に納得してもらうのに、とにかく時間がかかった。ところがある日、銀行の係の人をぼくらが設計したバーに招んで、飲みがてら打ち合わせをしていたら、ちょうど山口百恵が入ってきた。百恵ちゃんが来るような店を手がける人ならと、いっぺんに話がまとまった。六本木の四辻脇の『ロスコスモス』。あんな小さな店に大スターが気楽に来るような時代だったんだね。

土地を取得してからすぐ、どの程度の建物が建つか、それから各自の資金と照らしあわせて、どれだけのスペースがとれるかの概略を出した。施工のDさんは事務所だけ確保できればいいということだったけれど、あとの四人は住まいも仕事場も必要だったから、結局はとても複雑なプランになった」

4階突き当たりを左に曲がって居間へ。
右ページ上・同居間。318-319ページ右手本棚の裏側にあたる。下・1階バーカウンター。

五階建てである。まず居住スペースを確保して、残りを仕事場にあてた。一階は、内田さんとAさんのオフィス。二階は、Bさんの住まいとオフィス。それにDさんの事務所。三階は、内田さんの住まい。一部に内田夫人の仕事場。四階の半分はCさんの住まい、居間の一部が五階までの吹き抜けとなっている。四階の残り半分と五階（といってもペントハウスふうだが）がAさんの住まい。Aさんも三人家族だった。

千駄ヶ谷のコーポラティブハウスと違って、一家族一フロア、しかも住居専用という明快さではない。五人のそれぞれ大きさの異なる住まいと仕事場が一体になったり離れたり、まるでレゴの積み木みたいに入り組んでいるが、道路側の一角に透明ガラスで囲った、これだけは見た目にも単純明快な階段室をはめ込んで、全体が四角いビルに収まった。建築面積は約七三平方メートル。必要最小限のスペースに、コンクリートやりっ放しという下地のままの建物に住み始めた。

「コーポラティブハウスというのは、だれもが全体計画に関わっているわけだから、自分はどこに住むかがいちばんの関心事になるんだけれども、そこでわがままをいったらおしまいだからね。家族数やスタッフ人数や支払い能力で各自の面積を決めた段階で、あとはこれが最良のプランニングだと思う設計をぼくがまとめて、みんなに納得してもらった。このビルができたのに刺激されて、友人のデザイナーたちが始めたこともあったけれど、おれがリーダーだからペントハウスに住む、なんて言いだすものだから、結局はポシャッてしまったり」

ここではAさんの住まいは四、五階にまたがる二層の吹き抜けであり、Cさんの住まいも狭いながらも吹き抜けが効果的だが、設計した当の内田さんのフロアは、どちらかといえばいちばんふつうのつくりである。このへんに内田さんのバランス感覚と気配りが端的にうかがえる。

この拠点が完成して以後、五人それぞれの家族も仕事も発展段階に入る。年齢も、時代のせいもあった。

「たしかにここだけでは収まりきれなかった。でもよくしたもので、道をへだてて目の前にあるビルをまた借りることができ、一時期はぼくの事務所とDさんの事務所でまるごと使っていたこともあった。いまは不景気になって、また後退したけれどね。

まあ、そういう具合に、この拠点を中心に周辺には み出していったりまた縮小したりという、フレキシブルな展開もスムーズになったわけ。それでもDさんのところはスペースが足りなくて、表参道へ移っていった。そういうときには前から約束ができていて、残ったメンバーに権利を売ることになっている。

その前に、一階をぼくと共有していたAさんの事務所を譲ってもらった。彼は会社でエラくなって、事務所までここにもつ必要がなくなったんだね。

そしてDさんも出ていったあと、子どもたちが大きくなったAさんが三軒茶屋に一戸建ての家をつくって引っ越していったり、スタッフのC君も文京区にマンションを買い、近くに事務所をもって独立した。

Bさんは亡くなられたんですよ。

結局、ぼくの家族の住まいを四、五階に移し、下を事務所にするという現在の形になったのだけれど、そのころ父が亡くなり、埼玉の家を処分することで購入資金をつくったわけです。これら仲間うちの売買は、すべて知り合いの不動産屋に仲介してもらい、適正価格を出してもらったのだけれど、こうしたケースでは逆に第三者の立ち会いがとても大切なんだね。

この段階で徹底的にやったのは、まず雨漏りへの対処。前にも言ったけれど、やりっ放しのコンクリートだから、打ち継ぎ箇所からの漏水が止まらない。結局、躯体とサッシュの一部を残して、内外全部を補修した。その際、外壁をタイル貼りにし、窓はペアガラスに替えたので、やっと漏水が止まり、結露もなくなった。それが十年ほど前。

コーポラティブハウスは、安いという以上に、好きな場所を選び、無駄のないスペースを手に入れるメリットが重要なんです。だから一般的には躯体のままの集合住宅が多くつくられ、居住者が自分の好きな住まいに仕上げられるシステムがあれば、それだけでもいい。そのためにぼくらみたいなインテリアデザイナーがいるわけだからね」

一九九八年十一月

代官山ヒルサイドテラス

代官山ヒルサイドテラスは、渋谷区と目黒区の区境に沿って伸びている、集合住宅、店舗、オフィス、ホールなどの複合体《コンプレックス》である。北西には玉川通りあたりまで、南東は駒沢通りを越えた先まで延々と続く尾根にあって、渋谷や恵比寿、反対側では中目黒の町を山裾に見下ろしている。この一帯はどの盛り場の延長でもなく、亭々たる樹木のなかに大使館や邸宅が見え隠れして、独立国のように美しい環境を守る屋敷町だった。

学生時代、渋谷で飲んだ後は親しい友人とこのあたりまで足を延ばしては、何時間でも夜の坂道を上り下りし、トンネルをくぐり陸橋を渡り、もとの道に出たら別のルートに変えて、何をしゃべりあったんだか、暗闇のなかの果てしない散策に耽った。もちろん喫茶店もバーも自販機もない、相手の姿も定かでない。

前にも書いたことだが、建築家の元倉眞琴は、大学院一年生のときにはじめて仲間と渋谷の道玄坂を上り、代官山に向かった。東京下町育ちの元倉さんたちには渋谷すらあまり縁がなかったらしい。坂を上りきって歩いていき、だんだん田舎になってきたと思ったら、忽然と白い建物が見えた。予想以上に小さい。まわりが住宅地だったから際立ってシンプルに思えた。これがモダン建築なのか、やっぱり山手の風景なんだなと感じ入った記憶があるという。ヒルサイドテラス第一期が完成したすぐ後に見に行ったわけだから、昭和四十四年（一九六九）、ほぼ三十年前である。

元倉さんは大学を出て、ヒルサイドテラスを設計した槇文彦さんの事務所に入所する。第三期の実施設計を担当したのち独立。しかしヒルサイドテラスには槇さんの口利きでさらに深く関わることになり、現在は彼のオフィスもこのなかにある。

この半世紀における日本の集合住宅の評価を建築専門の関係者に訊けば、代官山ヒルサイドテラスがまずダントツで一位に挙げられるだろう。いや、あらゆるビルディング・タイプを入れても最高位に推す人は少なくないと思う。その理由のひとつは、元倉さんたちが意外に小さいと感じたそのスケールが、既存の市街地との連続を考えられているからだろう。そして白さ、

前ページ・旧山手通り北側、G棟外観。

つまりモダニズムの建築言語を、東京山手にふさわしいものとして選びとったからだろう。さらにその選択の正しさを裏づけるように、三十年の歳月をかけて全体が成長してきたこと。これこそ第一の理由に挙げられるかもしれない。国内はもちろん、海外でもあまり例のないケースである。

全体が七期にわたって建てられてきた。第一期A、B棟をはじめとする十二の棟、プラザ（地下のホール）、大使館が完成している。第七期には五〇〇メートル離れた飛び地のヒルサイドウエスト三棟が昨年できたばかりである。

旧山手通り南側、D棟よりC棟を望む。

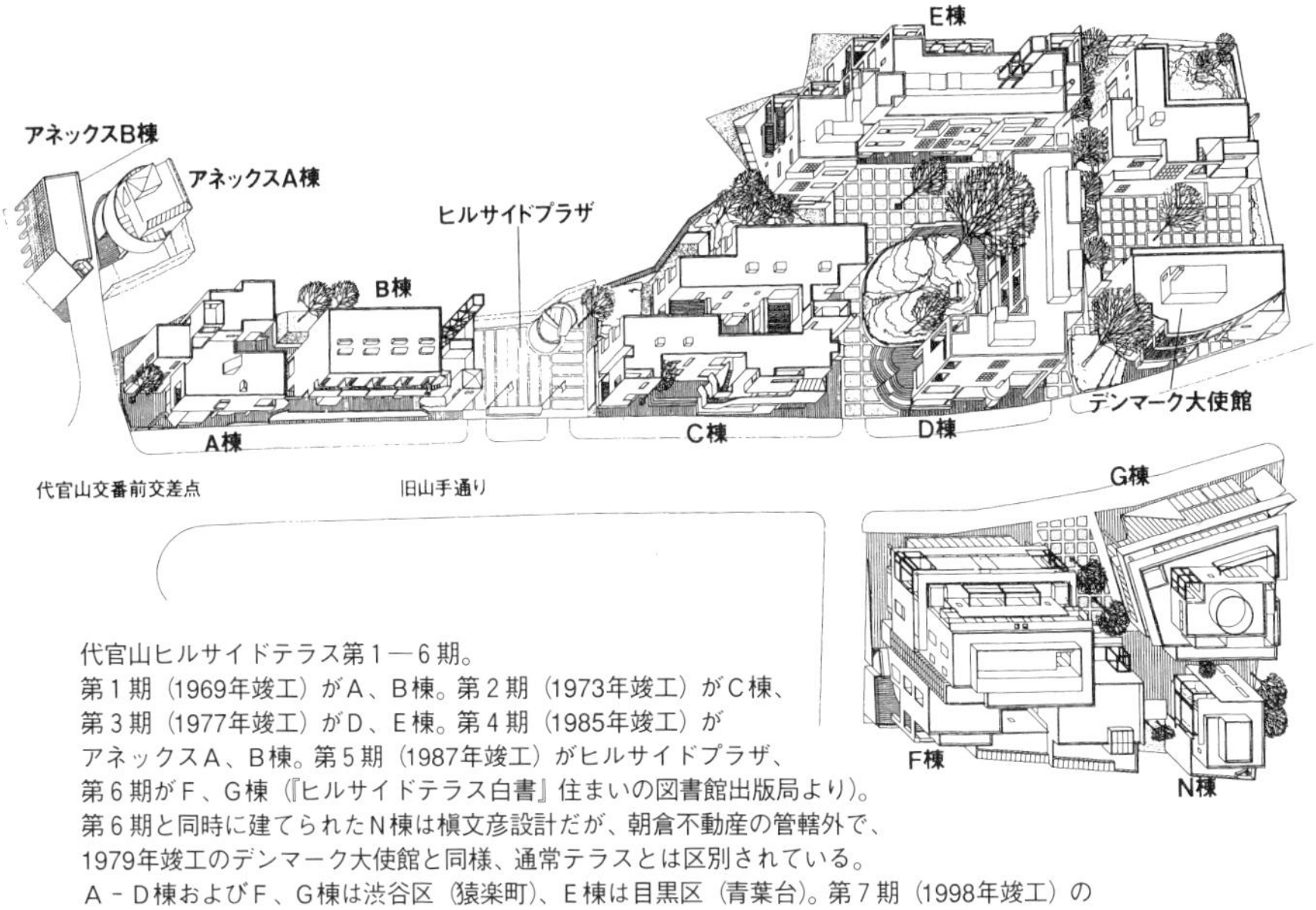

代官山ヒルサイドテラス第1―6期。
第1期（1969年竣工）がA、B棟。第2期（1973年竣工）がC棟、
第3期（1977年竣工）がD、E棟。第4期（1985年竣工）が
アネックスA、B棟。第5期（1987年竣工）がヒルサイドプラザ、
第6期がF、G棟（『ヒルサイドテラス白書』住まいの図書館出版局より）。
第6期と同時に建てられたN棟は槇文彦設計だが、朝倉不動産の管轄外で、
1979年竣工のデンマーク大使館と同様、通常テラスとは区別されている。
A－D棟およびF、G棟は渋谷区（猿楽町）、E棟は目黒区（青葉台）。第7期（1998年竣工）の
ウエストはこの一画から通り沿い、右（北西）約500メートル先（鉢山町）にある。

C棟３階、朝倉邸東側テラスより中庭を見下ろす。
左ページ上・同階朝倉邸内、北西側。下・同階、一族共用の和室。

オーナーの朝倉不動産は、そのすべての設計を槇さんに委ねてきた。ヒルサイドテラスの隣地をデンマーク大使館に売却するにあたっては建築のデザインを槇事務所に依頼するという条件までつけている。また槇さんの考えで、アネックスの二棟は元倉さんが設計するということもあった。

関係者の方々に、話をうかがった。朝倉不動産専務の朝倉健吾さん、槇総合計画事務所所長の槇文彦さん、スタジオ建築計画主宰の元倉眞琴さん。

朝倉さんによれば、もともとオフィスを入れるつもりはなく、住居を主体として一階と地下に店舗が入るという計画だった。第一期A、B棟が実現した時点の全体計画構想は、B棟と同じメゾネットの住居とペデストリアンデッキが二〇〇メートル先まで続き、もっと団地らしい絵になっていた。住居専用地区での用途緩和と、複数の建物を計画するための一団地申請をしていたので、オフィスは論外。

「ところが住居として借りてくれる人がなかなかいない。それで少しずつオフィスに貸すようになってきたわけです」

住戸の入口はオートロックなどを使わずに、よそ者が近づきにくい心理的な空間の構成で解決するのが槇さんの方針である。そのような細部の設計は全体に効いている。いまは第一期からみれば何倍にも大きくなったヒルサイドテラスに豪華マンションふうの臭みが微塵も感じられないのは、複雑なかたちで外に開かれているからだ。

第二期のC棟は、店舗に囲まれた求心的なプラザがなんといっても印象的だが、この中庭を見下ろす三階に朝倉さん一族の住まいがつくられた。プラザ上部の吹き抜けを囲うロの字型のフロアが、通路、テラス、ルーフガーデンを介して四住戸に分けられている。通路といってもロビーふうのコモンスペースや一族が集まる共有の和室がある。ホテルのロビー階と客室階と屋上庭園をワンフロアに小さくまとめたような感じで、しかも目下には店舗とプラザという小さな都市のにぎわいがある。もともとはこの敷地のなかに、朝倉さん一族はそれぞれの家をもって住んでいた。いきなり一緒に住むことになったわけで、はじめは面食らったというが、いまはすっかりなじんでいるようだ。もとの住まいのかたちを下敷きにしての新しい都市住宅の姿である。

第三期のD、E棟には、ここだけに限って分譲住宅をまぜる試みをした。ややもすると権利と義務の自覚が欠けがちで、賃貸と変わらない面倒をつい要求してしまう居住者もいるらしいが、自分の空間を所有する人が新たに加わるという出来事は、朝倉さんたちがヒルサイドテラスとは何かを、あらためて根本から検討する契機になったように思える。

通りをへだてて建つF、G棟は、道に南面していることもあって、大きく開かれた店舗やカフェがめだつが、上階には開放的な住居がのっている。

そして第七期のヒルサイドウエストでは、規模は一寝室と小さいが、台所、浴室などの設備はそのわりに充実した住居を、とくに朝倉さんの肝煎りでつくり、人気も高い。最初は定着させるのに苦労した住居だったが、現在は事務所と住居とのバランスがほどよくなっている。三十年かけて理想に近づいてきた。

この年月のあいだに朝倉さん一族の変遷もあった。ご両親が亡くなられ、子どもたちの世代が成長して、それぞれ家庭をもち始めている。C棟三階だけでは手狭で、二階の一部、あるいはF棟などに住まいを根分けし始めている。E棟地下にある朝倉不動産事務所も、かつてはそういう住居のひとつだった。それ以前は元倉さんたちのオフィスに使われていた。診療所が入る予定でつくられていたのだが、その予定がなくなったのを知った元倉さんが朝倉さんに頼み込んだのだ。家賃を少し安くしてもらったとはいえ、元倉さんひとりでは払いきれない。仲間で寄り合いの事務所にした。のちに大胆な提案による集合住宅を熊本に設計した山本理顕さんや、ここの家具をデザインすることになる藤江和子さんたちである。その後元倉さんはみんなと一緒に、自分が設計したアネックスA棟に、さらには隣接したマンションに、そして十二、三年前、現在のB棟のメゾネット、つまり大学院生のころからいちば

Ｂ棟２階、メゾネットタイプの住居入口
（元倉眞琴氏のスタジオ建築計画事務所内）。
右ページ・ヒルサイドプラザ側からのＢ棟外観。

ん好きだったスペースに入った。藤江さんはいま、アネックスB棟のワンフロアをアトリエにしている。

これだけではない。朝倉さんの同級生、槇事務所のOB、元倉さんの友人やかつてのスタッフその他、ヒルサイドテラスづくりに関わってきた少なからぬ人の仕事場がこの町のどこかに入りこみ、根づいている。これはもう、事務所というより半住居である。また学生時代を思い出してしまうのだが、長くアルバイトに通っていた小石川柳町の製本所の周辺には、丁合屋、花布屋、布表紙や皮表紙屋、箔押し屋などの家内工業が軒を連ねていた。路地を歩くだけで本がどのようにつくられていくのかが一目瞭然で、製本所内でも本によっては背を丸めたり、小口に金箔を貼ったりと、仕様が変えられるのがおもしろかった。その職人町に、ヒルサイドテラスはどこか似ている。しかし、それぞれの「職」が一冊の本に収斂する町とはむしろ逆で、ヒルサイドテラスという本から、それに関わった人たちが自分の「職」を自由に展開することになった数多くの物語が読める、そういう町なのだろう。

そして昨年完成したヒルサイドウエストに、槇総合計画事務所が日本橋から移ってきた。

旧山手通りに面して、小さなビルがひとつ建っている。一階は全面ガラスで通りに開かれた、藤江さん設計のカフェ「サロン・ド・テ」、見上げるとファサード全体がアルミのルーバーですっぽり覆われている。思い切りシンプルな建物だ。

カフェの左手にギャラリーのように天井の高い通路があり、奥へ進むと突き当たって左に折れる。右手に突然、芝生の緑が目に入ってくる。この中庭に沿ってさらに奥へ進むと、芝生は木の床に変わり、その上に平屋の建物がのっている、と見えるが、近寄ると建物は左手に長く伸び、垂直方向にも高さを延ばして眼下の小広場に降り立っているのがわかる。階段を伝って小広場に出て、その奥を右手に曲がると、裏のしんとした住宅街に出る。こちらから見ると、ビルトイン・ガレージの上にのった、水平方向に長い二階建ての箱である。

ヒルサイドウエストC棟、槇総合計画事務所内。

要するに、表通り側の小さな敷地と裏の大きめの敷地がくびれるようにかろうじてつながり、そこを縫う通路や小広場が、奥へ奥へ、視野を広げながら人を誘っている。これはまさに槇さんの「道の空間」や「奥」の理論の、コンパクトだが雄弁な実現である。ここには三棟が建つ。いちばん奥の低層棟は槇事務所。瀟洒な工場とでもいいたくなるこの建築は、ヒルサイド建築群のなかでもいちばん明快だ。そこを使う人が自分で設計した当然の結果ともいえるが、この、ほかとはちょっと違う棟を通して、逆にヒルサイド全体が模索してきた建築の意味をあらためて見直せるような気持ちになってくる。

アトリエ内部から見ると、端から端まで横長の開口部が通っているが、その中間を棚が一直線に走り、上下に分かれた窓からは空の光と、トリミングされた外の景色の一部が見えるだけ。

「風景っていうのは、たとえばなんの変哲もない向かいの家でも、切りとって額縁に入れることで、ある印象を与えるんですよ」と槇さんはいう。内部から外を見るだけではなく、ここの内外の道を歩いていても、その先の家々や木々がとても印象的に見える。それはヒルサイド建築群全体にいえることで、どこに立っても建築が額縁となって奥の風景が切りとられていて、つねに建築相互の関係から建築群、その外側の町も同じように見ることになる。

槇さんがオランダの北端に近い都市グローニンゲンのために設計した「フローティング・パビリオン」と呼ばれる、運河を航行するボート型の小劇場がある。帆とも屋根とも、たなびく雲とも見える白のテントに覆われたそれは、白いレースを身に纏う貴婦人のような印象で、なぜか『家なき子』の白鳥号を思い出してしまうのだが、この劇場が動いていく先々で新しい風景がつくられていく、と槇さんはいう。たしかに写真で見ても、ふつうの運河沿いの街や羊がいるだけの野原のなかの水路に、形容しがたい白さのパビリオンが姿を現すと、夢のなかの景色みたいに変わってしまう。

フェリーニはローマの古い市街地でもミラノ郊外の住宅団地でも、未知の新しい風景にしてしまう天才だったが、カメラで切りとる構図の鋭さだけによるものではない。状況設定や人物との関係で日常の郊外団地を変えてみせた。マルチェロ・マストロヤンニがそこに現れるだけで風景が変わった。そのような働きを槇さんは建築にも求めているようにみえる。

建築そのもの以上に建築と建築との隙間を大切にしたいというのが槇さんの長年にわたる主張である。事実、ヒルサイドでは棟が増え緑が濃くなるに連れて、その効力が倍増している。

若者たちも増えた。ショッピングもあるだろうが、隙間に魅せられてやってくる。ジベタリアンには格好の場所である。いろいろな人々のアイデアや行動が交錯して、思いがけない場所がつくり出されるのが東京の深さだと槇さんはいう。「お年寄りだけに来ていただきたいわけじゃありませんから」と朝倉さんも笑っている。

朝倉さんが気にしているのは、テナントも客も、日本人は広場のような共有部分の使い方が下手だということで、店で看板ひとつ置く場合でも自分の場所とし

旧山手通り沿い、ウエストA棟外観。1階は「サロン・ド・テ」。

て専用化したがる。そこで貸している立場からすれば規則でしばったりいっさい禁止という断行で、共有部分の微妙な使い分けをあきらめてしまうことになる。それでは、朝倉さんにとってはよい町並みがつくれないということになる。この場所にふさわしくない看板類はこちらから金を出してでもつくり直す。現にそんなケースが何店もあり、そのへんの問題処理を引き受けている元倉さんの苦労はひととおりのものではないらしい。見た目には何気ない「隙間」にたいへんな時間と調停労力がかけられて、現在の姿になっている。

車の往来が激しい立地にあって、外壁の汚れも第一期から大きな問題になっていた。最初は打ち放しコンクリートの肌合いが隠されてしまわない程度の薄いコーティング仕上げだったが、二期では吹き付けタイル、三期では磁器質タイル貼り、そして通りをへだてたF、G棟にはアルミのコルゲート板が使用される。

「アルミだって汚れるから、また一工夫が必要になるわけです。モダニズムの建築は年とともに熟成するのがむずかしいデザインや素材によっている。だから所有者や使用者の愛情を欠いたら維持できないんです。建築は汚れたり退化したりすると値打ちが下がってしまうけれど、集合の仕方によっては建物が古くなっても、その場所の価値は減らない。良好な環境をどう守るか、モダニズムの建築を退化させないための技術をどう追求するか。この両方にチャレンジするために、いま朝倉さんと話し合っているところです。

今度ここに移ってきて、建築と場所それぞれの生命の本質を、日々考える機会ができるのは貴重な体験になると思う。でも、むかしはそれがあたりまえだった。カテドラルの建設現場などは長期にわたるから、最初に作った部分がどう劣化するかを工事中に学んで、それをフィードバックできたわけですから」

槇さんはそう考えている。

ヒルサイドテラスは、最初に描かれた全体構想図をつねに描きかえるかたちで成長し、集合住宅団地の様相もその過程で薄れてきたようにみえるが、結局は住まわれていることによって支えられ、ほかのどこにもない複合体に成熟している。住居という因子は建築に法外な要求を突きつける。私的領域と公的領域との微妙な関係を要求し、二十四時間を過ごすに足る環境を要求する。それは六畳一間の部屋でも大邸宅でも変わらない。どこにでもあるむかしながらの店舗併用住宅もモダンなヒルサイドも同じである。

ここのオーナーの姿ははっきりと見えている。そして誰もが、東京山手の恵まれた場所に広大な土地をもち、同じ建築家と三十年もの時間をかけてゆっくりと理想的な建築を実現してきた余裕に驚く。だが、それはきめ細かいやりくりをしてきた結果にすぎない。「朝倉不動産はディベロッパーではなく、自分の土地を守っているだけなんでね。個人の資産の運用という範囲にとどまっていて、拡大再生産をやることはない。ここでも、ひとつの事業が終わってから、次を始めるというペースがはじめから現在まで一貫している」と元倉さんはいう。

集合住宅として、ヒルサイドテラスは従来にはないかたちで存在している。なぜなら、私たちにとって集合住宅とは、突然出現するものでしかなかったからだ。つまり、周辺環境と無関係な形態によって、さらには一挙に膨張した量によって出現するやり口に、私たちはすっかりしつけられてしまっている。

かつての同潤会代官山アパートは地形ごと根こそぎ引き抜かれて、そのあとに超高層住宅が立ち上がりつつある。朝倉さんの住まいの屋上庭園の上、空以外には何も見えなかった視界にもそれは入り込んできている。ヒルサイドテラスの抑制されたスケールと穏やかなモダニズム、建築とその外部空間とのバランスのよさは、建築家のたんなるテイストや手法ではもはやない。突然出現するものだけでつくられてきた東京の現在に対して、槇さんの言葉を借りれば「東京の深さ」が異議申し立てをしている。代官山ヒルサイドテラスをつくりあげてきた人たちが、劣化現象から、たぶん、いちばん多くを学んでいるのだ。

この地はこの先も、集合住宅をつくること住むこと、街とともにあることの最前線を持していくだろう。

一九九九年十月

上・ウエストA棟「サロン・ド・テ」内。
下・A棟エントランスホール。正面突き当たりを
左に曲がってB、C棟へ。

中庭。左がB棟、正面奥がC棟。
下・裏通り側。正面C棟、
右手階段を上がったところがB棟。

終章　二〇〇四年、初春

出した書簡は書き直すことができない。相手に渡ってしまっているからで、たとえ写しが手元に残されているばあいでも、それはすでに相手のものである。語りかけているからだ。訂正加筆したければ、新たにもう一通書くしかない。

この報告集はその意味で、書簡集に似たところがある。相手の元気な姿に呼びかけている。だから当の相手が姿を変え、あるいは消失してしまったとしても、その現在を書き足すだけではすまされない。全文を書き直さなければならない。

というわけで、各章は、それを報告したときの時制にとどめている。

たとえば銀座の旧徳田ビルや横浜山下町の旧ヘルムハウスは、取材を最後の機会として待っていたように取り壊された。徳田ビルは外装こそ変わり果てていたものの、立ち姿はピンシャンとして、屋上のタワーも昭和モダンの往時を発信しつづけていたから、ちゃんと手を加えればいつでももとの美しさに戻れるような気分に、見る者を誘っていた。また見るからに頑強なヘルムハウスをつぶしたのは、市のまちづくりの展開のなかでさびれていった、あの街そのものであったような気がしてならない。

旧東京市営古石場住宅は、訪ねたときに取り壊しの日程も、また再開発ビルの竣工予定も平成十四年（二〇〇二）秋と決まっていたから、いま再訪すれば新しい建物に入居している人たちに会えるはずである。しかし行くのをためらっている。正直言って再開発されたたビルをどう見たらいいのか、ちょっと自信がないのだ。

同潤会アパートの第一号、旧本所区中之郷アパートメントハウス（現墨田区押上、一九二六年）は、平成二年（一九九〇）、十四階建てのマンションに建て替えられた。曳舟川通りに面して三階建てが並んでいたころに見覚えがあった印章屋さんその他の店が、新しい一階にちゃんと入っていたのはうれしかったし、狭小の住戸から逃れて他所で暮らしていた人たちも多くが戻ってきたという。区の女性センターや消費者センターもここにできたので、活動拠点としての充実も伝わってくる。

申し分ない。ないからこそ、やはり建物そのものの姿が物足りない。まわりの集合住宅と見分けがつかない。通りに面した長大な壁に、たぶんめだつようにと大ぶりな装飾模様を付けているので、ますますどこにでもあるマンションになってしまっている。「セトル中之郷」と、ここだけがむかしの地名を大事に残した心意気が感じられるだけに、建物自体はここがかつての中之郷であることを教えてくれないのがくやしい。東京という大海に浮かんでいた小さな島は消え失せた。その小島は東京を歩く者にとっては不可欠なアジールのひとつだった。東京に住む人間、東京を歩く人間は土地によって、土地の名によって命をつないでいる。

同潤会アパートが出現したときは、それまでの住まいの姿とは不連続な、異質な建築であったことはまちがいない。集合住宅、とくに鉄筋コンクリート造という新しい都市建築は、そこの土地性を分断するように出現し、土地性に無頓着に、どこにでも建てられることを本来的な特性としていたはずである。にもかかわらず同潤会アパート群が生きつづけたなかで守ったのは、土地の名ではなかったか。

あの時代は鉄筋コンクリート造そのものの事例が少なかったので、年を追ってあちこちの場所に計画するたびに新しい工夫を加えていた、だから同じ手法を繰り返していないという当事者の証言があるし、そうした創意工夫がすぐれた建築を生み出したのだろう。しかも配置計画がしっかりしている。どれもオープンスペースを包み込むように住棟が建っていることも、その場所を強く印象づける。赤瀬川原平ふうに表現すれば、「中庭力」があるとでもいうのだろうか、庭と建物を一体にして、またそこに栄養を送るような按配で路地や小広場がうまく組み合わさっている。

同潤会アパートが土地の名に結びつくのは、こうした場所ごとに工夫した配置計画、その結果としてのそれぞれの性格づけ、しかしどれもがすぐ同潤会のそれとわかる共通した雰囲気によるものだろう。加えて多様な住戸構成がその姿に重層的に関わっている。

そうしたていねいな計画、設計手法よりさらに決定的なのは、長年住まわれてきたなかでの、一戸建てにおけるのとはまったく違う可能性を示唆する集合住宅生活の根づきである。これを、松本恭治さん（当時・横浜国立大学助手）の調査・研究から教わった（『都市住宅』一九七二年七月号「生活史・同潤会アパート」）。

彼の調査のひとつは、目にはほとんど見えない部分についてである。

建築の形を変えないで、自分たちの住まいを拡張したり縮小したりするやりくりである。たとえば「江戸川」の独身室は、和洋室四畳半から十畳ぐらいまでの一〇タイプがあるが、終戦直後は一家族がその一室に住むこともあった。住宅事情が好転するようになると、家族室の補完として独身室を取得するケースも出てくる。いわば母屋の離れとしての使い方ができる。

家族室のフロアでも、隣りの住戸が取得できたりすると、二戸の入口を結ぶ通路部分にすのこを置き、上履きだけで行き来したり。

調査のもうひとつは、すぐ目につく部分である。建築の軀体は変えないが、その表側も裏側も、棟の隙間にも屋上にも威勢よく増築される生態についてだが、「鶯谷」では自治会規約によって窓の庇の幅だけわずかに張り出す増築以外は禁止。一方、「代官山」のばあいは規制はきわめてゆるやか。そうした仕組みでそれぞれの場所の風景が大きく変わっているという視点。

それはだれにでも容易に見分けられる。「代官山」の二階建て立体四戸タイプなどは、一階は左右それぞれに違う塀や生垣をめぐらしたり、庭をとったりガレージにしたり、半ば戸建て住宅の町みたいに変貌しているが、壁の中心部を抉りこむような外階段室と、それを縁取るギザギザの門形はおおむね残されているので、全体の統一感リズム感は失われていない。

店舗併用共同住宅の「住利」は、床屋も花屋もそれにふさわしく化粧直ししているのに加えて、二、三階の居室部分は店舗の庇の上に乗っかるように、いっせいに板壁やモルタルの増築部分が張り出しているし、「柳島」ともなれば、長い長いファサードから突き出すように並ぶ階段塔と大々的な増築とが拮抗して、まさに下町同潤会アパートの親しみやすくダイナミックな景観をつくり出している。

こんなの、公営公団住宅やマンションではありえない。当初に賃貸か分譲かが決まっていて、その枠にずっと縛られたまま、という住み方ではないのだ。前にもふれているように、これらは当初の同潤会による管理体制から住宅営団に引き継がれ、戦後は都営、やがて建物も土地も、一部を除いて賃貸住民に払い下げられる。こうした変動のなかで変わらなかったのは、同じ人々がそこに集合住宅生活を続けていたことである。その個と共同との関係を話し合いによって決め、よりよい形に定着させてきたのは、住民以外のだれでもなかった。

だから柳島は柳島、江戸川は江戸川と、それぞれの街や住み方の作法にしたがって、また住む人たちの気風によって、同潤会アパートは見えない部分と見える形で織りなされ、それぞれ独自の風景となった。土地の名と結びついた。

現在はこういうゆったりした形での集合住宅は存在しえない、世界的な都市化時代に必要な住宅の新しいシステムが必要、というのは当然の意見だろう。しかしすでに、同潤会アパートとは違う時代は体験済みである。同潤会の時代の百倍もの必要戸数を消化するためには、公営公団住宅のような計画手法しかなかったことを見てきている。

すなわち同潤会アパートは日本の集合住宅史上、ある意味ではもっとも恵まれた時代背景のもとに計画し設計され、もっとも長い住体験を内包した、もっともラディカルで豊かな知恵を蓄積した遺産なのである。それが古く懐かしいという側面だけが強調されてきたのは、より多角的な価値が十分に知られる機会がなかったからとしか思えない。

話は同潤会アパート中心になってしまったが、ここで紹介していることは、ほとんどすべて過去になった。

鶯谷アパートはすでに建て替えられた。住利や柳島、代官山もその前後に消えた。そして昨年一年に集中して、青山、清砂通、大塚女子、江戸川の各アパートが申し合わせたかのようにいっせいに取り壊された。この先、何十年か何百年か、東京の集合住宅の主流は建て替えと再開発だけの繰り返しに終始するだろう。

さくら新道の章でふれた、新宿駅西口に続く横丁は、かつては小便《しょんべん》横丁と適当に呼ばれ、いまは思い出横丁という、さらにいい加減な名をその入口に大きく掲げている。つまりその始まりから現在までの五十年以上、じつは名なしの場所であったことにほかならない。

それなりに懐かしんできた、こうした都市の隙間はどこも名をもっていない。それが戦後の空間の特性である。大々的に立ち上げられた再開発地区の、一様にカタカナまじりのごたいそうなネーミングは、土地の名を欠いた戦後空間が東京を全面的に支配するにいたった現在を、もっとも雄弁に表している。

この本で報告している戦前の事例の多くは、いまの範疇でいう集合住宅から外れている。店舗併用住宅、寮、長屋、下宿、等々。それらは準集合住宅というより、いまの計画概念からすれば反集合住宅というべきかもしれないが、そのなかに集まって生活することの命脈を事例ごとに探っている。また戦後の事例は、現在も成長のきざしが残る代官山ヒルサイドテラスを除けば、一九八〇年代初期完成までのものにとどめている。住まわれてきた歳月から建築が見えてくるものにしたかったからである。

集合住宅とは、建築をそのままのものとして見ることができないビルディング・タイプである。問題を探らざるをえない面倒な建築。住む人々にとっては戦わざるをえないやっかいな建築。だからこの先につながる。どんなに小さくても大きくても、新しくても古くても二十一世紀建築といってかまわない。

初出

『東京人』一九九八年四月号―二〇〇一年三月号（連載名「集合住宅物語」）。
序章および「同潤会清砂通アパート」は『東京人』一九九七年四月号、
「代官山ヒルサイドテラス」は同一九九九年十月号に掲載された。

著者略歴

（うえだ・まこと）

1935年，東京に生まれる．早稲田大学第一文学部フランス文学専攻卒業．「建築」編集スタッフ，「都市住宅」（1968年創刊）編集長などを経て，現在，住まいの図書館出版局編集長．建築評論家．2003年度日本建築学会文化賞受賞．著書『ジャパン・ハウス——打放しコンクリート住宅の現在』（写真・下村純一．グラフィック社1988）『真夜中の家——絵本空間論』（住まいの図書館出版局1989）『アパートメント——世界の夢の集合住宅』（写真・平地勲．平凡社コロナ・ブックス2003）『都市住宅クロニクル』Ⅰ・Ⅱ（みすず書房2007）『住まいの手帖』（みすず書房2011）『真夜中の庭——物語にひそむ建築』（みすず書房2011），共著『植田実の編集現場——建築を伝えるということ』（ラトルズ2005）『いえ 団地 まち——公団住宅設計計画史』（住まいの図書館出版局2014／日本建築学会著作賞）ほか．

植田 実

集合住宅物語

2004年 3月 1日 第1刷発行
2015年 11月 25日 第4刷発行

発行所 株式会社 みすず書房
〒113-0033 東京都文京区本郷5丁目32-21
電話 03-3814-0131(営業) 03-3815-9181(編集)
http://www.msz.co.jp

本文組版 デザイントリム
本文印刷所 シナノ印刷
扉・表紙・カバー印刷所 リヒトプランニング
製本所 誠製本

ISBN 4-622-07086-3
[しゅうごうじゅうたくものがたり]